MUNDO) REAL
Second Edition

Workbook

4

Authors:
María Carmen Cabeza, Paula Cerdeira, Francisca Fernández, Luisa Galán, Amelia Guerrero, Emilio José Marín, Liliana Pereyra, Francisco Fidel Riva and Ana Romero.
Coordination Team: David Isa and Nazaret Puente.

ISBN - Workbook: 978-84-9179-420-2
10 9 8 7 6 5 4 3 2 MUR 20
First published 2020
Print date: 0620
Depósito Legal: M-4240-2020
Printed in Spain

Editorial Coordination:
Mar Menéndez

Edition:
David Isa

Cover Design:
Juanjo López

Design and Layout:
Sara Serrano and Juanjo López

Illustrations:
Carlos Yllana

Photos:
See page 96

Editorial Edinumen
José Celestino Mutis, 4. 28028 Madrid. España
Telephone: (34) 91 308 51 42
e-mail: edinumen@edinumen.es
www.edinumen.es

Edinumen USA Office
1001 Brickell Bay Drive Suite 2700
Miami 33131, Florida
Telephone: 7863630261
contact@edinumenusa.com

CONTENTS

COMUNICACIÓN

Compartir historias sobre el pasado

1.1. **Ordena estas frases y forma un diálogo en el que se cuenta una anécdota.**

⬜ **Sonia:** ¿En serio? ¿Hay algo divertido?

⬜ **Carlos:** Pues cuando entré en mi casa me las vi en el espejo. En fin, que había estado buscando las gafas y no las veía porque las llevaba colgada del cuello.

⬜ **Sonia:** ¡Madre mía, Carlos! ¡Perdiste las gafas otra vez!

⬜ **Carlos:** Pues resulta que el lunes estuve toda la mañana buscando mis gafas en el instituto.

⬜ **Carlos:** Eso pensé yo, pero no te conté lo más divertido.

⬜ **Carlos:** ¿Sabes qué me pasó el lunes?

⬜ **Sonia:** ¿Ah, sí? Eso te pasa muy frecuentemente, no me sorprende…

⬜ **Carlos:** El lunes fue diferente. Las busqué durante horas pero volví a casa sin gafas. No las encontré…

⬜ **Sonia:** No, cuenta, cuenta.

Reaccionar a lo que cuentan otras personas

1.2. **Indica el significado de la expresión resaltada de cada diálogo.**

1 ▶ He conseguido una beca para estudiar en Chile.
   ▶ **¡Genial!**
   a Expresa curiosidad e interés.
   b Expresa escepticismo.
   c Expresa que le gusta la información.

2 ▶ El concierto se ha cancelado esta mañana por falta de público.
   ▶ **¿En serio?**
   a Expresa sorpresa y escepticismo.
   b Expresa que le gusta la información.
   c Expresa curiosidad.

3 ▶ Pues Luis aprendió inglés y alemán al mismo tiempo en dos meses.
   ▶ **¡Madre mía! ¡Nunca había oído nada parecido!**
   a Expresa interés y curiosidad.
   b Expresa escepticismo y sorpresa.
   c Expresa que le gusta la información.

4 ▶ ¡No te vas a creer a quién vi ayer!
   ▶ **¡No me digas!** Cuenta, cuenta…
   a Expresa escepticismo.
   b Expresa sorpresa.
   c Expresa interés y curiosidad.

5 ▶ Entonces, ¡tardamos dos horas y media en llegar al aeropuerto!
   ▶ **¿De verdad?**
   a Expresa sorpresa positiva.
   b Expresa curiosidad y escepticismo.
   c Expresa que le gusta la información.

6 ▶ …Y después vino la hermana del amigo que me había contado que le robaron el bolso.
   ▶ **¡Anda ya!** ¡Qué historia tan larga!
   a Expresa interés y curiosidad.
   b Expresa que le gusta la información.
   c Expresa sorpresa.

VOCABULARIO
Las anécdotas

1.3. **Relaciona cada verbo con su sinónimo.**

1 notar	•	• a encender
2 continuar	•	• b sentarse
3 hallar	•	• c eliminar
4 levantarse	•	• d conseguir
5 conectar	•	• e darse cuenta de
6 lograr	•	• f acercarse
7 tener aspecto de	•	• g caerse
8 tomar asiento	•	• h seguir
9 ir al suelo	•	• i ponerse de pie
10 aproximarse	•	• j encontrar
11 borrar	•	• k parecer

1.4. **Completa las frases con una de estas palabras. Elige su forma adecuada.**

> insólito/a ▪ anécdota ▪ anecdótico/a ▪ encender ▪ conectar ▪ pedir

a ¡Qué historia tan ....! No sé si reír o llorar.

b Cuando estas aprendiendo una lengua en otro país vives muchas situaciones ....

c Me encantan las .... que cuenta nuestro profesor en clase.

d En español el verbo que se emplea para ordenar en un bar es ....

e ¿Alguien ha .... el ordenador?

f Mi móvil no tiene batería porque no lo .... para cargarlo.

1.5. **Elige la opción correcta para completar la siguiente anécdota.**

Carlos: ¿Qué tal tu viaje a Europa?

Sara: Estuvo genial. Me pasó una cosa que no te lo vas a creer.

Carlos: **1 Cuenta, cuenta… / ¡Qué curioso!**

Sara: Pues **2 resulta que / total que** un domingo fui al Rastro, que es un mercadillo de antigüedades que hay en Madrid. No **3 recordaba / conocía** este sitio, pero en la guía decía que **4 estaba / estuvo** muy bien. No iba con la intención de comprar nada, porque mi objetivo era solo mirar, dar un paseo y tomar algunas fotos. **5 Una vez / Total que** ese día me levanté a las nueve de la mañana y fui al Rastro. Había cosas muy interesantes: objetos antiguos, ropa de segunda mano, muebles del siglo pasado… De repente **6 vi / compré** un cuadro que me gustó mucho y me llamó la atención por sus colores y formas. Me lo vendieron por diez euros. Cuando **7 regresaba / regresé** a mi casa, llamé a un amigo experto en arte y le **8 pregunté / solicité** si podía restaurar el cuadro. Poco después vino y **9 descubrió / consiguió** que tenía la firma de Gauguin. ¡No nos lo podíamos creer! Mi amigo me comentó que era auténtico. Esta ha sido una de las cosas más sorprendentes que me **10 ha dado cuenta / ha ocurrido** en mi viaje por Europa.

Experiencias insólitas

1.6. **Lee las definiciones y escribe la palabra correcta.**

a Profesional de circo o eventos infantiles para hacer reír a la gente.   P..............................

b Especie de bolsa que frena la caída de una persona cuando salta desde un avión.   P..............................

c Vehículo pesado que emplean los ejércitos para atacar o defenderse durante una guerra.   T..............................

d Sensación de miedo repentino que dura segundos.   S..............................

e Establecimiento o lugar donde se deposita y prepara a los muertos antes de su funeral.   F..............................

f Animal de compañía.   M..............................

g Títulos o estudios universitarios.   C..............................

h Viaje que hacen las parejas después de casarse.   L.............. DE M..............

i Lugar para probarse la ropa en una tienda antes de comprarla.   P..............................

j Vestirse de un personaje de ficción, profesión determinada, animal, etc. usando ropa y maquillaje propio.   D..............................

1.7. **Relaciona estos personajes históricos o literarios con sus nombres y con su historia insólita de amor. Busca en Internet si tienes dudas.**

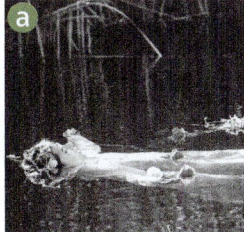    

1. Don Quijote   **2.** Robin Hood   **3.** Orfelia   **4.** Cleopatra   **5.** Anna Karenina

A. Raptó a su amada Marian.

B. Vivió viajes y aventuras que dedicó a su amada Dulcinea.

C. Provocó la pérdida de parte del Imperio romano de Marco Antonio.

D. Abandonó a su hijo y se quitó la vida tirándose bajo un tren.

E. Se suicidó en un río porque pensó que Hamlet no la amaba.

GRAMÁTICA

Repaso de los verbos de pasado

1.8. **Completa la biografía del escritor Mario Benedetti con la forma correcta del verbo en pretérito indefinido.**

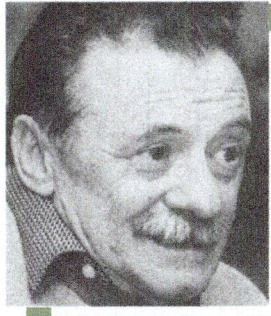

El escritor Mario Benedetti **a** .... (nacer) en Paso de los Toros (Tacuarembó, Uruguay) el 14 de septiembre de 1920. **b** .... (Educarse) en el Colegio Alemán de Montevideo y en el Liceo Miranda. **c** .... (Trabajar) como vendedor, taquígrafo, contable, funcionario público y periodista. Entre 1938 y 1941 **d** .... (residir) casi continuamente en Buenos Aires, y, en 1945, de regreso a Montevideo, **e** .... (ingresar) en la redacción del célebre semanario Marcha, donde **f** .... (formarse) como periodista. Ese mismo año, 1945, **g** .... (publicar) su primer libro de poemas, *La víspera indeleble*. A la aparición de su primera obra ensayística, *Peripecia y novela* en 1948, **h** .... (seguir) en 1949, su primer libro de cuentos, *Esta mañana*, y, un año más tarde, los poemas de *Solo mientras tanto*. En 1953 **i** .... (aparecer) *Quién de nosotros*, su primera novela, pero es el volumen de cuentos *Montevideanos* (1959) –en los que toman forma las principales características de la narrativa de Benedetti– el que **j** .... (suponer) su consagración como escritor. Con su siguiente novela, *La tregua* (1960), Benedetti **k** .... (adquirir) proyección internacional, **l** .... (tener) más de un centenar de ediciones, **m** .... (ser) traducida a diecinueve idiomas y llevada al cine, al teatro, a la radio y a la televisión. Por razones políticas, **n** .... (deber) abandonar su país en 1973, iniciando así un largo exilio de doce años que lo **ñ** .... (llevar) a residir en Argentina, Perú, Cuba y España.

Su amplia producción literaria abarca todos los géneros, incluso famosas letras de canciones, y suma más de setenta obras, pero entre ellas destacan sus recopilaciones poéticas *Inventario* e *Inventario Dos*, los cuentos de *La muerte y otras sorpresas* (1968), *Con y sin nostalgia* (1977) y *Geografías* (1984), las novelas *Gracias por el fuego* (1965) y *Primavera con una esquina rota*, que en 1987 recibió el Premio Llama de Oro de Amnistía Internacional, así como la irrepetible novela en verso *El cumpleaños de Juan Ángel*.

1.9. **Clasifica estas expresiones de tiempo en su pasado correspondiente.**

de niño/a ▪ ya ▪ hasta ahora ▪ anoche ▪ todos los días ▪ hace un mes ▪ en 2010
la semana pasada ▪ a los 15 años ▪ ayer ▪ todavía ▪ nunca

Pretérito perfecto	Pretérito indefinido	Pretérito imperfecto

Pretérito pluscuamperfecto

1.10. **Completa las frases con el pretérito pluscuamperfecto.**

a Estoy leyendo *El Quijote*, pero ya lo .... (leer) antes.

b ¡Qué isla tan bonita! Nunca .... (estar, yo) en un lugar así.

c Cuando llegamos a la fiesta, los invitados ya .... (irse).

d No sabía que Marta y Luis .... (volver) de sus vacaciones.

e Cuando el tren salió de la estación todavía no .... (amanecer).

f Esta mañana he ido al banco pero, desgraciadamente, los ladrones ....
(llegar) antes que yo.

g Al llegar a casa nos dimos cuenta de que .... (perder) las llaves.

h La profesora nos preguntó si .... (hacer) los ejercicios.

i Llegué a España en enero y un mes después ya .... (conseguir)
encontrar un trabajo.

j Cuando entré en la cocina vi que el arroz .... (quemarse).

1.11. **Relaciona cada uso con su ejemplo.**

- **Pretérito perfecto**

  Acción pasada en un periodo de tiempo no terminado o relacionado con el presente:
  – a ....

  Experiencias vividas o no hasta el momento presente:
  – b ....

- **Pretérito indefinido**

  Acciones terminadas ocurridas en un periodo de tiempo terminado y delimitado del pasado:
  – c ....

  Número de veces que ha ocurrido una acción en un pasado terminado:
  – d ....

- **Pretérito imperfecto**

  Acciones que describen a personas, cosas, lugares o que evocan situaciones en el pasado:
  – e ....

  Contexto en el que sucede la acción principal en pasado:
  – f ....

  Acciones habituales también en pasado:
  – g ....

- **Pretérito pluscuamperfecto**

  Acción pasada anterior a otra también pasada:
  – h ....

  Acción posterior a la del verbo principal, pero con la idea de inmediatez o rapidez en la realización de la acción:
  – i ....

Ejemplos:

1 Conoció a Diego cuando *vivía* y *estudiaba* en Buenos Aires.
2 Nunca *había estado* en una casa tan bonita.
3 Repita, por favor, no le *he entendido*.
4 Anoche *empecé* a leer *El Quijote*.
5 Su profesora *era* muy abierta y simpática.

6 Ayer te *llamaron* por teléfono ocho veces.
7 Todavía no *he viajado* a Europa.
8 Llegó a Chile en julio y en septiembre ya *había aprendido* a hablar español.
9 De pequeño *iba a esquiar* cada invierno.

1.12. **Carlos y Ana tuvieron una fiesta el fin de semana aprovechando que sus padres se habían ido de vacaciones. A la mañana siguiente, estos llegaron sin avisar. Completa el texto con los verbos entre paréntesis en el tiempo de pasado adecuado.**

Cuando los padres de Carlos y Ana **1** .... (llegar) a casa, se **2** .... (llevar) un susto enorme.

La puerta de la entrada **3** .... (estar) manchada de verde, así se imaginaron que les **4** .... (robar).

5 .... (Entrar) en el salón: todo **6** .... (estar) fatal, **7** .... (parecer) que **8** .... (haber) un huracán. **9** .... (Haber) vasos y platos en cada rincón y restos de comida por el suelo. Sin embargo, los muebles **10** .... (estar) intactos. No **11** .... (faltar) nada. **12** .... (Estar) claro que sus hijos **13** .... (celebrar) una gran fiesta.

Enseguida **14** .... (mirar, ellos) en los dormitorios. Sus hijos **15** .... (divertirse) muchísimo, solo **16** .... (haber) que ver su aspecto, tumbados en la cama con la ropa del día anterior. Seguramente **17** .... (estar) despiertos hasta altas horas de la noche.

A pesar de su enfado, **18** .... (conseguir) calmarse y esperar a que sus hijos se despertaran. El castigo **19** .... (durar) varias semanas: **20** .... (fregar), **21** .... (barrer) y **22** .... (lavar). **23** .... (Ser) toda una experiencia inolvidable. Esta semana los padres **24** .... (decidir) reiniciar sus vacaciones y todavía no **25** .... (regresar), pero Carlos y Ana **26** .... (ser) buenos chicos y todo está perfecto.

1.13. **Completa las frases con los tiempos del pasado.**

a ▶ ¿Qué .... (hacer, vosotros) este fin de semana?

▶ El sábado por la mañana .... (ir, nosotros) al centro comercial. Por la tarde .... (ver, nosotros) una película en el cine. El domingo .... (quedarse, yo) en casa todo el día porque .... (estar, yo) muy cansada, pero Javier .... (salir) con unos amigos.

b Hace unos días .... (enviar, yo) un correo a mi amiga Carmen, pero todavía no me .... (contestar, ella). La última vez que le .... (enviar, yo) un correo fue porque .... (tener, ella) un bebé y .... (querer, yo) felicitarla. .... (Tardar, ella) casi tres meses en responderme.

c En los últimos meses no .... (llover) en Perú. La última vez que .... (llover), ... (ser) en abril.

Ser y estar

1.14. **Completa las frases con la opción correcta.**

a Hoy Javier ha llegado muy serio. Creo que **es / está** enfadado.

b Me encanta este gazpacho. **Es / Está** riquísimo.

c Marta trabaja en una compañía internacional. **Es / Está** economista.

d Esteban fue a trabajar a Los Ángeles como actor. Pero ahora **es / está** de camarero.

e Lorena **es / está** muy alegre. Siempre se está riendo.

1.15. **Completa las frases con la forma correcta de los verbos *ser* y *estar*.**

a ▶ Hola Maribel, ¿cómo .... Pancho?
▶ Pues un poco mejor, pero sigue en cama.

b ▶ ¿De dónde .... estas naranjas?
▶ De Valencia.

c El chico de la primera fila .... quien me llevó en coche.

d ▶ Tus hijos .... muy altos para la edad que tienen.
▶ La verdad es que sí. .... altísimos como su padre.

e ▶ ¿Has visto mis llaves? No sé dónde ....
▶ Seguro que las has dejado puestas, como siempre.

f Alexandre y Rosángela .... brasileños.

g ▶ ¿No .... demasiado joven para viajar solo?
▶ No, ya tengo 17 años.

h ▶ ¿Y Miguel?
▶ .... hablando por teléfono, ahora sale.

i ¡Qué chaqueta tan bonita! ¿................. de piel?

j ¿Has visto la ventana? .... rota. ¿Quién la rompió?

k ▶ Estos libros .... de Jaime. ¿Se los puedes llevar?
▶ Claro, mañana se los llevo.

l ▶ ¡................. increíble lo caros que están los pisos!
▶ Sí, ... claro que es un problema que tiene que resolver el gobierno.

m Sofía .... muy generosa. Cada Navidad hace regalos a todos sus compañeros de trabajo.

n Ayer vi a Juan Luis. ¡Qué contento .... con su moto nueva!

1.16. **Elige la opción correcta en este diálogo entre un policía y la señora Martínez tras la desaparición de la señora Carmen.**

Policía: Señora Martínez, ¿cómo **1 era / estaba** la señora Carmen?

Señora Martínez: Yo conocía a doña Carmen desde hacía veinte años. **2 Era / Estaba** muy amable y muy servicial, aunque **3 era / estaba** una persona un poco reservada. **4 Era / Estaba** sola desde hacía años y muy rara vez la visitaba alguien. A veces venía su hermano a visitarla. Su hermano **5 era / estaba** más mayor que ella, tenía el pelo blanco, aunque **6 era / estaba** calvo por delante. **7 Era / Estaba** bajito y rollizo, aunque siempre iba muy bien vestido. Creo que tenía gafas. Él, a diferencia de su hermana, **8 era / estaba** más antipático, ya que nunca me saludaba…

Policía: ¿Qué pasó la otra noche?

Señora Martínez: **9 Eran / Estaban** las dos de la madrugada. Yo **10 era / estaba** mirando por la ventana porque esa noche tenía insomnio: **11 era /estaba** intranquila por la desaparición de mi perro y no podía dormir. Entonces vi entrar a doña Carmen con un señor. Vi que ella **12 era /estaba** muy contenta, porque se reía con él mientras buscaba las llaves en el bolso. Él **13 era / estaba** de mediana edad. Nunca antes **14 había sido / había estado** en este barrio. **15 Era / Estaba** moreno, delgadísimo y hablaba con ella amigablemente. Pero esa actitud cambió de repente, porque, a los diez minutos, él **16 era / estaba** de muy mal humor. Podía escuchar sus gritos desde mi habitación.

Policía: ¿Y oyó algún golpe o algo así?

Señora Martínez: No, no oí nada de eso. Aunque por sus gritos pude comprobar que **17 era / estaba** muy agresivo y que **18 era / estaba** muy furioso.

Policía: Muchas gracias, señora Martínez, **19 ha sido / ha estado** muy amable. Intentaremos resolver el caso lo antes posible.

PRONUNCIACIÓN Y ORTOGRAFÍA

Las palabras agudas y llanas

1.17. **Decide cuál de estas palabras llevan tilde.**

a casa
b profesor
c Carmen
d Felix
e dificil
f lapiz
g invitacion
h reloj
i movil
j parque
k atun
l escribi
m alli
n televisor
ñ verdad

CULTURA

Famosos hispanos

1.18. **Clasifica los siguientes nombres de los artistas hispanos en su categoría correspondiente. Algunos de ellos han aparecido en esta unidad.**

Guillermo de Toro ▪ Fernando Botero ▪ Isabel Allende ▪ Silvio Rodríguez ▪ Pablo Picasso
Elvira Lindo ▪ Mario Benedetti ▪ Miguel de Cervantes

a Escritora española. ....
b Escritora chilena. ....
c Escritor uruguayo. ....
d Escritor español. ....
e Pintor español. ....
f Escultor colombiano. ....
g Cantautor cubano. ....
h Director de cine mexicano. ....

Comprensión de lectura

1.19. **Lee este texto y elige las opciones correctas.**

El otro día estábamos jugando en un descampado que hay al lado de la cárcel de Carabanchel, cuando un coche paró bruscamente. Yo pensé lo normal, que venían a secuestrarnos, a robarnos o a comprar nuestro silencio. Por si acaso, me había puesto detrás del Imbécil porque a mí el instinto de supervivencia me funciona a las mil maravillas, y hago todo lo que puedo para salvarme en situaciones difíciles. Todos nos quedamos paralizados: Yihad, Arturo Román, Paquito Medina, el Orejones... solo se oía el chupete del Imbécil, porque cuando se pone nervioso aumenta el ritmo de chupeteos por minuto.

Entre el polvo que levantaban las ruedas al frenar nos pareció ver a un enano que se bajaba del coche. Cuando salió el enano de la nube de polvo resultó que no era un enano, era un niño. Se quedó enfrente de nosotros sin saber qué decir. Luego salió un hombre que sería su padre y le dijo: –Venga, llevamos toda la mañana buscándolo y ahora te vas a quedar callado.

¿Buscando a quién?, se preguntaron todas nuestras mentes. El niño por fin se atrevió a hablar: –Estoy buscando a Manolito Gafotas.

Todos mis amigos me señalaron. El Imbécil se sacó el chupete y me señaló. Ellos son como yo, su instinto de supervivencia también está muy desarrollado, y son capaces de entregar al primer desconocido que pase a su mejor amigo o a su hermano si es necesario. Como yo al mío. Y no es por falta de cariño, es que el famoso instinto de supervivencia empieza por uno mismo. De todas formas, era fácil adivinar que yo era el Gafotas, teniendo en cuenta que soy el único en mi panda que lleva gafas.

–Es que he leído el libro sobre tu vida, *Pobre Manolito*, y tengo algunas dudas –dijo el niño, y se sacó un papel del bolsillo.

Las dudas del niño eran las siguientes:

1. ¿Por qué llamas al Imbécil "el Imbécil"?

2. ¿Desde cuándo llevas gafas?

3. ¿Cuál es el verdadero nombre del "Orejones López"?

4. ¿Por qué Susana se llama "Bragas-Sucias"?

5. ¿Cuándo se compró tu abuelo su primera dentadura postiza?

(Adaptado de *Manolito Gafotas, ¡Cómo molo!*, Elvira Lindo)

1 La mayoría de los personajes del texto son:
   a niños.   **b** adultos.   **c** ancianos.

2 El protagonista del texto se llama:
   a el Imbécil.
   b Manolito.
   c Arturo.

3 La escena del texto se desarrolla:
   a en un parque con muchos árboles, cerca de la escuela.
   b en el aparcamiento de un supermercado cerca de casa de Manolito.
   c en un lugar sin edificios ni gente, cerca de una prisión.

4 Las personas que se bajaron del coche eran:
   a un policía y un hombre bajito.
   b un niño y su padre.
   c un hombre bajito y un niño.

5 Manolito muestra una actitud:
   a protectora con su hermano pequeño y sus amigos.
   b protectora con su hermano pequeño, pero indiferente con sus amigos.
   c egoísta con todo el mundo.

6 El niño del coche quiere:

   a presentar a Manolito a su padre.

   b conocer a los amigos de Manolito.

   c hacer unas preguntas a Manolito.

7 El niño del coche tiene dudas sobre:

   a la verdadera identidad de un amigo, la razón de por qué los llama así y la marca de gafas de Manolito.

   b los nombres de sus amigos, la edad de su abuelo y por qué lleva gafas.

   c los nombres, la manera de nombrar a sus amigos, los dientes del abuelo de Manolito y las gafas de este.

Comprensión auditiva

1.20. 🎧 1 **Escucha a esta estudiante de español y marca las afirmaciones verdaderas.**

a ◯ La chica está feliz porque la escuela está muy cerca de su casa.

b ◯ La chica es alemana.

c ◯ Prefiere el número de estudiantes de las clases de su país.

d ◯ Aunque la profesora es muy seria, mantiene muy buena relación con ella.

e ◯ Al principio estaba tensa y nerviosa.

f ◯ Unos compañeros la invitaron a una fiesta a su casa el primer día de clase.

g ◯ La escuela le gustó mucho pero el apartamento era un poco pequeño.

h ◯ La chica regresó a su país pero planea volver.

Expresión e interacción escritas

1.21. **Escribe un texto de entre 130 y 150 palabras para enviar a la página web de la escuela en el que cuentes:**

– alguna anécdota graciosa relacionada con algún malentendido cultural;

– cuál fue el motivo del malentendido;

– cómo solucionaste la situación.

Expresión e interacción orales

1.22. **Cuenta una anécdota empleando los recursos aprendidos en la unidad y reacciona ante la anécdota que te cuente tu compañero/a. Podéis grabaros si es necesario.**

COMUNICACIÓN

Expresar deseos y preferencias

2.1. Completa el siguiente diálogo entre Enrique y sus amigos con las frases correctas.

> que quedemos ▪ que estemos ▪ que hagamos ▪ que salga
> renovar ▪ que vayamos ▪ que organice ▪ que juguemos

Enrique: ¿Qué podemos hacer este fin de semana?

Benjamín: Pues hay un concierto fantástico el sábado por la noche. ¿Queréis ....?

Fernando: ¡Pero yo no puedo ir! Mis padres no quieren .... por la noche.

Luis Miguel: A mí mis padres tampoco me dejan. Yo prefiero .... más temprano y .... al fútbol.

Bea: Todos los sábados hacemos lo mismo. ¡Estoy harto!

Pancho: Pues, ¿qué quieres ....? ¿Tienes una idea mejor?

Bea: ¡Pues sí! Deysi, ¿por qué no vamos tú y yo de compras? Necesito .... mi armario.

Deysi: Pero, Bea, ya fuimos la semana pasada. Yo prefiero .... todos juntos.

Enrique: ¡Chicos! Mis padres se van fuera el fin de semana. ¿Queréis .... una fiesta en mi casa?

Todos: ¡Síííííííííí!

2.2. Relaciona las siguientes situaciones con el deseo.

1 Hoy es mi cumpleaños. Cumplo 23 años.   •   • a Que os divirtáis.

2 Mañana mis padres van de viaje a Panamá.   •   • b Que tengan buen viaje.

3 No voy a clase. Estoy resfriado.   •   • c Que todo salga bien.

4 Hasta luego, nos vamos a la fiesta de Sofía.   •   • d Que sueñes con los angelitos.

5 Me voy a dormir, mamá.   •   • e Que cumplas muchos más.

6 Pasado mañana tenemos nuestro último examen. •   • f Que te mejores.

2.3. Expresa un deseo, como en el ejemplo.

▶ Ayer compré un billete de lotería.   ▶ *Ojalá te toque la lotería.*

a El sábado hago una fiesta en mi casa. ....

b Mi hermano y yo nos vamos de vacaciones a China. ....

c Ana y Roberto se van a casar. ....

d El profesor nos ha mandado muchos deberes. ....

e Este fin de semana vamos a Disney World. ....

f ¡Qué sueño tengo! Me voy a la cama. ....

g Gracias por el regalo. No teníais por qué hacerlo. ....

2.4. **Relaciona los siguientes deseos con la persona que lo ha dicho.**

1 ¡Ojalá conozca a mi actriz favorita! •
2 ¡Espero que me seleccionen en el curso de portugués! •
3 ¡Ojalá el gobierno cree leyes para proteger el medioambiente! •
4 Deseo que mañana haga buen tiempo. •
5 Espero que no le regalen una moto a mi hijo. •
6 ¡Ojalá no me bajen el sueldo! •
7 Quiero que no falte nadie a mi fiesta. •

• a Una madre.
• b Un trabajador.
• c Un fan.
• d Un ecologista.
• e Una joven que va a celebrar su cumpleaños.
• f Un joven que se casa mañana.
• g Una estudiante.

Reaccionar ante un deseo

2.5. **Lee de nuevo estos deseos y reacciona correctamente.**

1. ¡Ojalá conozca a mi actriz favorita!
   a ¡Sueñas!
   b Que sí, hombre, que sí.
   c No te pongas así.

2. ¡Espero que me seleccionen en el curso de portugués!
   a Tampoco es para tanto.
   b Ya verás que sí.
   c Pero… ¡cómo va a ser!

3. ¡Ojalá el gobierno cree leyes para proteger el medioambiente!
   a Sí, sí, seguro.
   b No digas esas cosas.
   c Pero… ¡cómo no va a pensarlo!

4. Deseo que mañana haga buen tiempo.
   a ¡Sueñas!
   b No digas esas cosas.
   c Ya verás que sí.

5. Espero que no le regalen una moto a mi hijo.
   a Tampoco es para tanto.
   b Sí, sí, seguro.
   c Ya verás que sí.

6. ¡Ojalá no nos bajen el sueldo!
   a No te pongas así.
   b Pero… ¡cómo no van a bajar el sueldo!
   c Sí, hombre, sí.

7. Quiero que no falte nadie a mi fiesta.
   a Sí, hombre, sí.
   b Pero… ¡cómo van a faltar alguien!
   c Tampoco es para tanto.

VOCABULARIO

Los estudios

2.6. **Relaciona para formar expresiones sobre los estudios.**

1 Asignatura •   • a *au pair*
2 Curso •   • b privado
3 Colegio •   • c obligatoria
4 Escuela •   • d académico
5 Aula •   • e multimedia
6 Programa •   • f secundaria
7 Hablantes •   • g nativos
8 Año •   • h intensivo

2.7. **Completa el texto con algunas de las siguientes palabras. Atención, hay cinco palabras que no debes utilizar.**

> aula multimedia ▪ curso virtual ▪ escuela
> beca ▪ máster ▪ programa
> curso de perfeccionamiento ▪ clase presencial

Yo empecé con un **a** .... de español a través de Internet, porque lo necesitaba para el trabajo. El curso, cuya duración era de un año, me permitió adquirir los conocimientos básicos de la lengua para después hacer un **b** .... en **c** .... en la escuela "Casa del español", en la cual conocí a mi futuro marido. Creo que contar con un objetivo y con buenos compañeros en clase es fundamental para motivarnos y aprender mejor.

Lenguaje del aula

2.8. **Completa las siguientes frases con las palabras del recuadro.**

> pasa lista ▪ debatir un tema ▪ asignaturas ▪ clases prácticas ▪ buen expediente
> comentario de texto ▪ asignaturas ▪ hacer un experimento

a Este año me he matriculado de cinco ....

b El curso que estoy haciendo no es todo teoría, sino que tengo algunas ....
  en un laboratorio.

c El profesor de Ciencias nos propuso .... en el laboratorio.

d Todos los días antes de empezar la clase el profesor ....

e Al final de la clase de español el profesor siempre propone ....

f Para ingresar en aquella universidad es necesario tener un ....

g Después de leer a Neruda, tuvimos que hacer un .... sobre uno de sus poemas.

GRAMÁTICA

Presente de subjuntivo

2.9. **Escribe la forma correcta del presente de subjuntivo de los verbos siguientes.**

a saber   ➡ Yo ....

b entender ➡ Ella ....

c decir   ➡ Nosotros ....

d pedir   ➡ Ellos ....

e salir   ➡ Tú ....

f soñar   ➡ Ustedes ....

g ir   ➡ Vosotras ....

h tener   ➡ Él ....

2.10. **Elige la forma correcta del presente de subjuntivo.**

a (Yo) cerrar: **cierra / cierre / cierro**

b (Él) querer: **quiero / quiere / quiera**

c (Yo) leer: **lea / lee / leo**

d (Nosotros) oír: **oigamos / oímos / oíamos**

e (Vosotros) construir: **construís / construyáis / construíais**

f (Tú) ver: **ves / vea / veas**

g (Ellos) jugar: **juegan / jueguen / jugaron**

2.11. **Raúl se marcha a trabajar a Nueva York y ha escrito en su grupo de WhatsApp. Completa esta conversación con la forma correcta del presente de subjuntivo.**

> Chicos, ya me han llamado. ¡Me voy a trabajar a Nueva York! Pero
> no creo que **a** .... (estar, yo) más de dos años. 10:34

> Me parece una gran oportunidad que **b** ....
> (vivir, tú) esta experiencia. 10:36

> Pero me parece necesario que **c** .... (aprender,
> tú) a cocinar antes de irte. ¡Si no vas a pasar mucha hambre! 10:36

> No pienso que Álex **d** .... (comer)
> mal. Lo único es que es no le gusta la cocina. 10:40

> Es bueno que **e** .... (independizarse, tú) ya. Tienes 30 años. 10:47

>>>

Es fantástico que nos **f** .... (avisar, tú) antes de irte. ¡Hay que celebrarlo!
10:54

Es una buena idea que **g** .... (celebrar, nosotros) tu despedida. Propongo este sábado.
11:01

Me parece mal que el Gobierno no **h** .... (ayudar) a los jóvenes como tú tan preparados. ¡Me da penita!
11:06

No me parece bien que siempre **i** .... (hablar, tú) de política, Vicky.
11:07

Es bueno que los jóvenes **j** .... (prepararse) en otros países. Yo estuve tres años en China.
11:13

2.12. **Completa las siguientes frases con los verbos en presente de subjuntivo.**

a ▶ Mañana tengo un examen. Espero que no .... (ser) muy difícil.

▶ Que te .... (ir) bien.

b ▶ El próximo domingo nos vamos todos de vacaciones. Espero que .... (divertirse, nosotros).

▶ Pues yo espero que no .... (llover), porque últimamente tenemos muy mala suerte con el tiempo.

c ▶ ¿Sabes que Juan tiene una nueva novia?

▶ ¿Sí? ¡No me digas! Pues ojalá .... (tener, él) más suerte con ella, porque con Bea la pasó muy mal, el pobre.

d ▶ Chicos, lleváis tres horas estudiando. ¿Queréis que les .... (traer, yo) algo de comer?

▶ Sí, gracias, mamá.

e ▶ Soy el genio de la lámpara de Aladino y te concedo tres deseos.

▶ Pues, deseo que mi casa .... (convertirse) en un palacio y que la princesa Madeleine .... (enamorarse) de mí. Mi último deseo es que .... (haber) paz en el mundo.

2.13. **Completa las siguientes notas con los verbos del recuadro en su forma correcta.**

decir ▪ llamar ▪ hacer ▪ gustar ▪ comprar ▪ pasar ▪ ir ▪ tener ▪ disfrutar

a José Javier, cariño, necesito que .... al supermercado y .... aguacate, porque quiero .... guacamole mañana.

b Graciela, la señora Morales quiere que .... por teléfono al señor Landa y le .... que necesita .... el informe mañana por la mañana.

c Queridos amigos, deseo que .... unas felices vacaciones y .... del viaje. Besos, Diana.

d Muchas gracias, Sara, por invitarme a tu boda, pero por desgracia no puedo asistir. Te envío un regalo, espero que te ....

Dar consejos y hacer recomendaciones

2.14. **Relaciona cada problema con su consejo.**

PROBLEMAS

1 Estoy muy gordo.
2 No puedo dormir por las noches y estoy cansadísima.
3 Cada vez me duele más la espalda.
4 Necesito hablar más en español.
5 Mis amigos están enfadados conmigo porque siempre llego muy tarde.
6 Estoy siempre de mal humor.
7 Siempre pierdo todo y nunca encuentro lo que busco.

CONSEJOS

a Te sugiero que te compres un reloj y que lo lleves siempre puesto.
b Te aconsejo que seas más ordenado y que te apuntes en un papel todo lo que tienes que hacer durante el día.
c Te recomiendo que vayas a México una temporada.
d Te pido que de una vez por todas sigas una dieta recomendada por un especialista.
e Te digo lo de siempre: que no te pongas zapatos altos.
f Te aconsejo que cada noche antes de irte a la cama te tomes un baño de agua caliente con mucha espuma.
g Te ruego que salgas más con tus amigos y que te diviertas.

2.15. **Expresa un deseo, como en el ejemplo.**

> regalar ▪ estudiar ▪ hacer ▪ regresar ▪ perder ▪ ~~tomar~~ ▪ ser ▪ sacar ▪ tener ▪ ir

– El doctor no me permite *que tome* sal.

a Te ordeno .... antes de medianoche.
b Mis padres no me permiten .... un gato.
c Hijo, te aconsejo .... el tiempo y .... más.
d ¡Estoy harta! Todos los días mis padres me mandan .... la basura.
e Siempre les pido a mis padres .... una moto, pero me dicen que soy demasiado joven.
f Me exijo .... más responsable de ahora en adelante.
g Papá, mi profesor me recomienda .... a España para mejorar mi pronunciación.
h Lo siento, chicos, mis padres me prohíben .... la fiesta en casa.

2.16. **Elige el verbo correcto.**

a El gobierno recomienda **reducir / reduce / reduzca** el tráfico en el centro de la ciudad.
b Se aconseja que **dedican / dedicamos / dediquemos** tiempo a cuidarnos.
c Te ruego que **colaborar / colaboras / colabores** en alguna organización benéfica.
d Te recomiendo que **probar / pruebes / pruebas** también la medicina alternativa.
e Te ordeno que **estar / estés / estás** varios días sin Internet.
f Te aconsejo que te **rodear / rodees / rodeas** de buenos amigos en los que poder confiar.
g En clase el profesor nos manda que **cuidar / cuidamos / cuidemos** el medioambiente.
h Me exijo no **ponerme / me pongo / me ponga** nervioso al hablar en público.
i Recomiendo que no **disminuir / se disminuyen / se disminuyan** las becas de la universidad.

2.17. **Elige la forma adecuada del verbo: ¿infinitivo o subjuntivo?**

a Adrián tiene 12 años y vive con su madre y su hermana en Guadalajara. Dice que no tiene una buena relación con ellas porque lo regañan todo el día. Su madre quiere **hacer / que haga** los deberes antes de ver su programa favorito. Su hermana le pide **recoger / que recoja** los juguetes y **limpiar / que limpie** su habitación. Entre semana su madre no le permite **salir / que salga** con sus amigos. Yo le aconsejo **hablar / que hables** con su madre para tener una mejor relación con ella y su hermana.

(Adaptado de http://www.sermexico.org.mx/articulo.php?modo=detalle&idarticulo=1355&idcanal=8)

b Carlos tiene 15 años y vive con su madre en la Florida. No discute con su madre cuando le pide **hacer / que haga** su habitación, pero **lavar / que lave** los platos y la ropa se le hace demasiado pesado. Su madre le pide **ayudar / que le ayude** y **realizar / que realice** otras actividades para que tenga un desarrollo sano. Carlos quiere **negociar / que negocie** con su madre y **hacer / que haga** otras tareas que no sean lavar los platos y la ropa.

(Adaptado de http://www.sermexico.org.mx/articulo.php?modo=detalle&idarticulo=1348&idcanal=7)

PRONUNCIACIÓN Y ORTOGRAFÍA

Las palabras esdrújulas y sobreesdrújulas

2.18. **Clasifica las siguientes palabras en el siguiente cuadro.**

maravillosamente ▪ felizmente ▪ velozmente ▪ fuertemente ▪ principalmente
fenomenalmente ▪ abremelo ▪ basico ▪ absolutamente ▪ gramatica ▪ calido
prematuramente ▪ facilmente ▪ pasamelo ▪ tragico ▪ agilmente

PALABRAS ESDRÚJULAS		PALABRAS SOBREESDRÚJULAS	
Lleva tilde	No lleva tilde	Lleva tilde	No lleva tilde

CULTURA

El *spanglish*

2.19. **Marca las ideas correctas sobre el *spanglish*.**

a ◯ El término *spanglish* surgió en el siglo XVIII en Estado Unidos.

b ◯ Los mexicanos que vivían en Estados Unidos tuvieron que aprender inglés.

c ◯ El *spanglish* se extendió en el siglo XX con el aumento de la inmigración de latinos a Estados Unidos.

d ◯ El primero en escribir literatura en *spanglish* fue Ilan Stavans.

e ◯ El núcleo de la literatura en *spanglish* está en el Nuyorican Poets Café en Nueva York.

f ◯ En 2003 se publicó el primer diccionario de *spanglish*.

g ◯ "Pollito Chicken" era un restaurante donde se reunían los poetas para escribir en *spanglish*.

2.20. **Busca en Internet información sobre el *spanglish* y escribe un texto con la información que encontraste.**

Comprensión de lectura

2.21. Lee el siguiente texto y marca las respuestas correctas.

Treintañeros y no quieren salir de casa

Entre los jóvenes maduros la idea de independizarse de sus padres pierde poder de seducción.

La comodidad del hogar y la incertidumbre económica hace que los treintañeros acoplen su vida al lado de sus padres. La permanencia en casa de los treintañeros no es un fenómeno español. En Estados Unidos cerca de 18 millones de adultos entre los 18 y 34 años de edad viven con sus padres, según datos de la Oficina del Censo de EE. UU.

En México, por ejemplo, la encuesta del IMJ revela que 50,7% de los jóvenes no piensa en salir de la casa paterna porque se sienten a gusto con sus padres. Mientras que 36,7% que sale del hogar paterno regresa a vivir de nueva cuenta por: la terminación del período de estudios o trabajo, seguidos por el divorcio o la separación de pareja, la imposibilidad de mantenerse económicamente o por sentirse solos.

Los jóvenes que están terminando la universidad buscan trabajo y al no encontrarlo regresan a la escuela, primero a graduarse, después hacen un máster y vuelven a intentar trabajar, pero este es el proceso de transición más perverso porque encontramos a jóvenes de clase media y alta que nunca han trabajado. Entonces al no tener opciones para independizarse no les queda otra más que aguantarse y seguir con la familia, tal vez con menos restricciones que un adolescente.

Los especialistas coinciden en que el período de juventud se ha extendido. Liz Basáñez, terapeuta, piensa que se trata de un síndrome de Peter Pan, es decir, los jóvenes viven un proceso de adolescencia tardía y se niegan a crecer. Mientras que para Antonio Islas, investigador social, la juventud termina hasta los 35 años. Ahora puedes ver a un joven de 30 o 35 años que se comporta como adolescente tardío, que sigue de fiesta, no tiene hijos y no se casa y sigue viviendo con su familia. Los padres se están adaptando a vivir con treintañeros, aprenden a convivir con sus "adultescentes" porque, a pesar de todas las broncas, en la única institución que se sigue confiando en nuestro país es en la familia.

(Adaptado de *El Universal*)

a ◯ Los jóvenes cada vez tienen más ganas de independizarse.

b ◯ Muchos viven en casa de sus padres por problemas de dinero.

c ◯ En el texto se dice que es un fenómeno que solo ocurre en España.

d ◯ Más de la mitad de los jóvenes mexicanos no quieren independizarse porque están bien en casa de sus padres.

e ◯ Muchos jóvenes vuelven a estudiar cuando no encuentran trabajo.

f ◯ Se dice que el periodo de la juventud se ha reducido.

g ◯ Un "adultescente" es un joven de unos 35 años que se ha independizado.

h ◯ El síndrome de Peter Pan está relacionado con la idea de negarse a crecer.

Comprensión auditiva

2.22. 🎧 2 **Va a escuchar a seis jóvenes que han vivido fuera de casa en otro país y hablan sobre la imagen de los españoles en sus países y de sus propias impresiones después de conocer España. Selecciona el enunciado (A-I) que corresponde a cada una de las seis personas. Hay tres enunciados que no son necesarios utilizar.**

ENUNCIADOS

a Piensa que los españoles son temperamentales.

b Cree que para conocer a una chica española hay que insistir.

c Cree que los españoles son impuntuales como en su país.

d Piensa que los españoles funcionan a un ritmo distinto al de su país.

e Cree que los españoles estudian menos que en su país.

f Piensa que los españoles son menos tolerantes con los inmigrantes.

g Piensa que algunos españoles son más vagos que en su país.

h Cree que los españoles en realidad son menos sociables de lo que se piensa.

i Le costó relacionarse al principio porque los españoles conocen poco su cultura.

PERSONAS

1 ⃝ Albin (Noruega)   3 ⃝ Alejandra (México)   5 ⃝ Ingrid (Alemania)

2 ⃝ Chin-Hu (Corea)   4 ⃝ John (Nueva York)   6 ⃝ Tom (Inglaterra)

Expresión e interacción escritas

2.23. **Escribe un ensayo (de entre 130 y 150 palabras) donde expliques las condiciones laborales que tienen los jóvenes en tu país.**

....

....

....

....

....

....

....

....

Expresión e interacción orales

2.24. **Habla durante 2 o 3 minutos sobre el tema de vivir en el extranjero. Incluye la siguiente información:**

– ¿Vivirías en un país extranjero?

– ¿Cuáles son los motivos por lo que lo harías o no?

– ¿Qué aspectos positivos y negativos crees que puede tener vivir en otro país?

– ¿Qué crees que extrañarías más viviendo en otro país?

– ¿Crees que te adaptarías bien a unos hábitos o costumbres diferentes?

– ¿Has vivido ya en un país extranjero?

COMUNICACIÓN

Preguntar por la existencia de algo o de alguien

3.1. **Haz frases ordenando correctamente las siguientes columnas.**

1 ¿Sabes si hay algún •	• a nadie •	• A que no le guste el fútbol.
2 ¿Conoces algún •	• b parques •	• B que sepa pilotar un avión.
3 No conozco a •	• c restaurante •	• C que tengan pocos árboles.
4 Hay pocas •	• d ciudad •	• D que sea barato?
5 Hay poca •	• e personas •	• E donde haya muchos monumentos?
6 ¿Conoces alguna •	• f gente •	• F donde pongan películas españolas?
7 Conozco pocos •	• g cine •	• G que hablen bien más de cinco idiomas.

3.2. **Completa las siguientes frases.**

a No hay casi nadie que ....

b No conozco a nadie que ....

c Hay poca gente que ....

d Hay pocos países donde ....

e ¿Conoces algún lugar donde .... ?

f ¿Sabes si hay .... ?

g ¿Hay alguna ciudad .... ?

Expresar gustos y aversiones

3.3. **Expresa tu gusto o aversión sobre las siguientes prendas o estilos. Puedes utilizar adverbios para intensificar tu opinión.**

– *Los pijamas de cuadros. ¡Me gustan muchísimo!*

a Los zapatos de tacón. ....

b Los pantalones estrechos. ....

c Llevar corbata. ....

d Las camisas de cuadros. ....

e Las chaquetas de cuero. ....

f Las minifaldas. ....

g Las botas tejanas. ....

h Las sudaderas. ....

VOCABULARIO

Estar a la moda

3.4. **Completa las frases utilizando una de las palabras del recuadro.**

> escotes ▪ temporada ▪ desfile ▪ desteñidos ▪ creaciones ▪ diseñadores ▪ estampados ▪ marcas

a Pier Paolo presentó sus últimos modelos en su habitual .... de otoño.

b Para los grandes .... de moda cada .... es un nuevo reto creativo.

c Este año aparecen los .... de variados colores, tanto en faldas como en pantalones.

d Para los vestidos, la tendencia son prendas ajustadas y con .... muy pronunciados.

e La minifalda-pantalón es una de las nuevas .... que se verán este año.

f Zara y Mango son .... españolas que venden en todo el mundo.

g Los pantalones .... no se llevarán el próximo año.

3.5. **Observa las imágenes y escribe una pequeña descripción de sus estilos. Utiliza las palabras de la lista.**

> combinado/a ▪ clásico/a ▪ moderno/a ▪ sencillo/a ▪ elegante ▪ femenino/a
> masculino/a ▪ libre ▪ roquero/a

....

....

....

....

....

....

....

....

....

....

....

....

3.6. **¿Sabes cuál es tu estilo? Responde a las preguntas de este test y sabrás un poco más de ti.**

1 ¿Cuánto tiempo necesitas para prepararte antes de salir de casa?

a Menos de media hora.   **b** Una hora, como mínimo.   **c** Menos de una hora.

2 ¿Cuál es la prenda que más te gusta?

a Pantalones de deporte.   **b** Camisa.   **c** Vaqueros.

3 Cuando vas de compras vuelves a casa con...

a No me gustan las compras.   **b** Mucho más de lo que necesito.   **c** Pocas cosas.

4 ¿Qué complementos te gustan más?

a No llevo ninguno.   **b** Las joyas, especialmente de oro y plata.   **c** Un cinturón o un bolso.

5 Cuando tienes una cita, te pones...

a Lo primero que encuentro.   **b** Lo más elegante posible.   **c** Algo con lo que me sienta cómodo.

6 ¿Cambias de estilo los fines de semana?

a No.   **b** Por supuesto.   **c** Solo a veces.

7 ¿Crees que es necesario ir a la moda?

a ¡Qué tontería!   **b** Sí, es muy importante.   **c** Solo en lo que nos guste.

8 ¿Qué tipo de perfumes utilizas?

a Solo el perfume natural.   **b** Me gustan los perfumes intensos.   **c** Cambio de perfume dependiendo del momento.

RESPUESTAS:

1 MAYORÍA DE A: Obviamente eres un espíritu libre y no te preocupa lo que diga a moda ni tampoco cómo sea tu aspecto. Para ti, hay cosas más importantes en la vida.

2 MAYORÍA DE B: Eres una persona muy preocupada por tu estilo y tienes un gusto especial por lo clásico. Para ti una imagen vale más que mil palabras.

3 MAYORÍA DE C. Eres una persona que das valor a tu imagen, pero solo el necesario. Crees que el aspecto es importante pero no te obsesionas con ello. Tú tienes el control.

Vacaciones alternativas

3.7. **Observa la imagen de esta casa y decide si las frases son verdaderas o falsas.**

a Ⓥ Ⓕ No está amueblada.

b Ⓥ Ⓕ Es acogedora.

c Ⓥ Ⓕ Tiene chimenea.

d Ⓥ Ⓕ Tiene unas vistas muy bonitas.

e Ⓥ Ⓕ Es para más de cuatro personas.

f Ⓥ Ⓕ Es moderna.

3.8. **Relaciona cada definición con su palabra correcta.**

1 Lugar donde una persona se establece durante un tiempo. •
2 Guardar una cantidad de dinero como previsión para el futuro. •
3 Cantidad de dinero que se usa con un determinado fin. •
4 Punto de llegada de un viaje. •
5 Movimiento, normalmente en transporte, hacia un lugar. •
6 Elementos o aparatos que calientan un espacio o casa. •
7 Deporte que consiste en la subida a altas montañas. •
8 Elemento del baño que dispone de chorros de agua y burbujas. •

• **a** destino
• **b** calefacción
• **c** ahorrar
• **d** bañera de hidromasaje
• **e** montañismo
• **f** alojamiento
• **g** desplazamiento
• **h** gasto

GRAMÁTICA

Las oraciones de relativo

3.9. **Completa las frases utilizando _que_ o _donde_ más indicativo o subjuntivo.**

a Llevo toda la tarde en el centro comercial y no he sido capaz de encontrar ninguna falda .... (combinar, ella) bien con esta camiseta. ¿Tienes alguna .... (poder, tú) dejarme para esta noche? Es que tengo una cita.

b ▶ ¿Recuerdas el hotel .... (estar, nosotros) el año pasado? ¡Qué horror!

   ▷ Este año quiero algo mejor. Para mis vacaciones quiero un hotel .... (tener, él) piscina y .... (estar, él) cerca de la playa.

c Esta es la casa .... (nacer, yo). Llevo aquí toda la vida, pero tengo que mudarme. Necesito encontrar una vivienda .... (estar, ella) cerca de aquí, porque me gusta mucho el barrio. Si no encuentro nada, prefiero una zona .... (haber, ella) zonas verdes. ¿Conoces alguna casa con esas características .... (estar, ella) en venta?

d ¿Recuerdas aquel restaurante .... (comer, nosotros) pizza de jamón y queso? Cerró el mes pasado. Tenemos que encontrar otro lugar .... (comer, nosotros) así de bien.

e ▶ Ana es una idealista. Cree que podrá encontrar un novio .... (ser, él) moreno, guapo y .... (saber, él) cocinar y bailar salsa.

   ▷ Yo conozco un sitio .... (haber, él) muchos chicos así. ¡En Cuba!

3.10. **Estas personas escribieron a una revista para pedir consejo. Ayúdalas enviándoles una respuesta.**

a "Últimamente la comida me sienta fatal. Me duele el estómago después de cada comida y siento que no digiero bien lo que como". LUISA

   RESPUESTA: Necesitas comer alimentos que… ....
   ....

b "Estoy muy triste. Mi novia no me apoya y no deja de repetirme que soy un inútil. En las últimas semanas, además, dice que mi ropa es horrible y que le da vergüenza que la vean conmigo por la calle. ¿Qué hago?" NOVIO ANGUSTIADO

   RESPUESTA: Tienes que cambiar de novia. Busca una chica que… ....
   ....

c "Estoy desesperado: en mi trabajo no me siento valorado. Llevo más de dos años allí y, aunque creo que todo lo estoy haciendo muy bien, no me suben el sueldo. Sin embargo, a mi compañero ya le concedieron dos aumentos, ¡y eso que solo está trabajando allí un año! UN TRABAJADOR

   RESPUESTA: Creo que te mereces algo mejor. Empieza a buscar un trabajo nuevo que… ....
   ....

Pronombres y adjetivos indefinidos

3.11. **Lee cada una de las situaciones y completa las frases utilizando el indefinido correcto.**

a Te regalaron una caja de bombones y te comiste muchos.
"En la caja todavía hay **alguna / algunos / algún / ningún** bombones".

b La clase terminó y todo el mundo se fue a casa.
"En clase no hay **ningún / algún / nadie / ningunos**".

c Quieres comentar a una amiga que en tu ciudad hay restaurantes mexicanos, aunque no demasiados.
"Hay **alguien / algunos / ningún / algunas** restaurantes, donde se come muy bien".

d Quieres explicar que tus bolsillos están vacíos.
"No tengo **algo / algún / nada / ningún** en mis bolsillos".

e Quieres hablar seriamente con un amigo sobre un tema que te preocupa.
"Hay **algo / algún / nada /ningún** que quiero explicarte desde hace tiempo".

f El móvil de tu amigo suena, pero él no está. Así que vas a avisarle.
"David, **algo / algún / alguien / ningún** te está llamando".

3.12. **Completa las frases con un pronombre indefinido.**

a .... personas prefieren vivir en el campo.

b No hay .... hombre que haya viajado a Marte.

c .... es capaz de sobrevivir sin beber agua durante mucho tiempo.

d Pedro dejó .... para ti encima de la mesa. No sé lo que es.

e No tenemos .... de comida en el frigorífico. Hay que ir al supermercado.

f Solo .... estudiantes de la clase hablan más de dos idiomas.

g .... dijo una vez que solo el hombre "tropieza dos veces en la misma piedra".

h ▶ ¿Conoces .... restaurante tibetano?
▶ No, no conozco ....

i En el frutero hay plátanos y uvas, pero no hay .... manzana.

3.13. **Escribe frases usando los siguientes pronombres indefinidos.**

a Nada. ....

b Nadie. ....

c Algún. ....

d Alguna. ....

e Ningún. ....

f Algunos. ....

Verbos de sentimiento

3.14. **¿Qué sentimiento transmiten estas expresiones? Clasifícalas.**

- es intolerable
- me sorprende
- me encanta
- me hace feliz
- ~~me irrita~~

- me fastidia
- me gusta
- me da vergüenza
- no me gusta
- estoy contento

- odio
- no soporto
- me da miedo
- me molesta
- me enfada

- me da pena
- me alegra
- me fascina
- es una pena
- me da pánico

GUSTO	ENFADO	AVERSIÓN	MIEDO
	me irrita		

SORPRESA	VERGÜENZA	TRISTEZA	ALEGRÍA

3.15. **Bruno es un niño de diez años. Todas las noches escribe en su diario sobre las impresiones y sentimientos de su día. Lee el texto y responde verdadero (V) o falso (F).**

Querido diario:

Hoy el día empezó regular. La profe nos puso un examen sorpresa de inglés. Odio que haga eso. Me salió fatal porque no había estudiado nada. Después, en el recreo, jugamos un partido de fútbol contra los de quinto. Claro, son mayores y nos metieron una paliza. No soporto que, encima de perder, se burlen de nosotros. Al volver del recreo, tuvimos Ciencias. ¡Mi asignatura favorita! Fuimos al laboratorio. Me encanta que tengamos que diseccionar insectos. A Alberto le dan pánico los insectos. Dice que no soporta tener que tocarlos, así que siempre le ayudo. Al terminar las clases fui a la piscina. Aunque en invierno me molesta un poco tener que ir, hago el esfuerzo porque quiero entrar en el equipo de waterpolo. Me hace mucha ilusión. Nada más, diario, te dejo porque estoy muy cansado y a mi madre le enfada que me acueste más tarde de las nueve. Mañana continúo.

a (V) (F) A Bruno le encantan los exámenes sorpresa.

b (V) (F) Bruno y sus amigos perdieron el partido de fútbol en el recreo.

c (V) (F) A Bruno le molesta tener que manipular insectos.

d (V) (F) A su amigo Alberto le da miedo ir a la piscina.

e (V) (F) A Bruno no le importa tener que ir a la piscina en invierno.

f (V) (F) A la madre de Bruno le encanta que su hijo se acueste tarde.

3.16. Observa las fotos. ¿Qué sentimiento te transmiten? Completa las frases.

Me da pena que... ....

Odio que... ....

Me encanta que la gente... ....

No soporto... ....

3.17. ¿Infinitivo o subjuntivo? Completa las frases.

a No soporto que mis amigos .... (llegar) tarde.

b Me encanta que la gente .... (acordarse) de mi cumpleaños.

c Me molesta que algunas personas no .... (saber) apreciar la comida de otros países.

d Cuando llega el fin de semana me relaja .... (caminar) por el parque durante una hora.

e Aunque Pedro tiene quince años, todavía le da miedo .... (dormir) a oscuras.

f Nos sorprende que la casa .... (estar) decorada con tanto gusto.

g Me irrita que la gente .... (tirar) los papeles al suelo.

h Me aburre .... (ver) películas bélicas, siempre es la misma historia.

i Me da pena que .... (haber) personas que tengan que dormir en la calle.

PRONUNCIACIÓN Y ORTOGRAFÍA

La tilde diacrítica

3.18. Observa estas frases y marca la función gramatical de las palabras destacadas.

a Mañana voy a **tu** casa.
  - ⃝ Adjetivo posesivo ⃝ Pronombre personal

b Cuando llegue **te** llamo.
  - ⃝ Nombre ⃝ Pronombre objeto

c Marta **se** levanta muy temprano.
  - ⃝ Verbo *saber* ⃝ Pronombre reflexivo

d ¿Sabes **tú** algo de Javier?
  - ⃝ Pronombre objeto ⃝ Pronombre personal

e Lo invité a la fiesta, **mas** no vino.
  - ⃝ Adverbio de cantidad ⃝ Conector adversativo

Música y moda

3.19. ¿Recuerdas a Mónica Molina y Enrique Iglesia? Contesta las siguientes preguntas.

a ¿A qué se dedica la familia de Mónica Molina? ....

b ¿Cómo es su estilo de vestir? ....

....

c ¿Le da mucha importancia a la moda? ....

d ¿Qué prenda no puede faltar en su armario? ....

e ¿A qué se dedica el padre de Julio Iglesias? ....

f ¿Qué transmite la canción *Bailando* de Enrique Iglesias? ....

....

3.20. Busca en Internet información sobre algún cantante famoso que se dedique también a la moda y escribe un texto con la información que encontraste.

EVALUACIÓN

Comprensión auditiva

3.21. 🎧 **3** ¿Qué sabes sobre la inteligencia emocional? Responde a las siguientes preguntas. Después, escucha la audición y comprueba tus respuestas.

1 La inteligencia emocional responde a la capacidad del ser humano para gestionar favorablemente los .... de uno mismo y también de los demás.

    a estados de ánimo   **b** problemas   **c** conflictos

2 El investigador Daniel Goleman puso el término de moda a través de un ....

    a libro   **b** artículo   **c** documental

3 Si una persona sabe utilizar su inteligencia emocional, puede prosperar más que otra persona con su ....

    a mismo nivel económico   **b** mismo nivel académico   **c** mismo nivel intelectual

3.22. ¿Conoces a Salvador Dalí? Lee el siguiente texto que habla de un talento menos conocido del artista español y resume en un párrafo el principal contenido del artículo.

Dalí: un diseñador con visión de futuro

El artista español Salvador Dalí es conocido en todo el mundo por sus impactantes obras surrealistas, formada por relojes blandos y venus con cajones que han acabado convirtiéndose en un estilo de pintar muy personal. Su talento lo llevó a ser pionero en muchos campos del arte porque supo innovar en actividades tan distintas como la publicidad o las instalaciones artísticas. Ahora, una muestra enseña al gran público su faceta menos conocida, la de diseñador, con la presentación de varios bocetos de moda que el artista creó en el año 1965 y que revelan su carácter innovador y su gran creatividad. La exposición presenta los modelos que realizó Dalí para baño, para hacer deporte, en concreto para jugar al tenis, para estar en casa o para asistir a una fiesta. En sus diseños, deja patente su capacidad visionaria anticipándose a las tendencias actuales. En realidad, los bocetos que ahora se exhiben en esta exposición en Barcelona fueron un encargo que nunca llegó a plasmarse en tela aunque sirven para reforzar a Dalí en su faceta de creador total. Algunos de sus trabajos mezclan estilos tan dispares como el de astronauta y sacerdote o fueron ideados para plasmarse en materiales para los que el mercado "aún no estaba preparado", como el cuero plastificado o el nylon transparente y que, en la actualidad, serían considerados normales.

(Adaptado de http://ccaa.elpais.com/ccaa/2015/10/15/catalunya/1444925918_902097.html)

3.23. Al igual que hizo Bruno en la actividad 3.15, escribe ahora tu diario. ¿Cómo fue tu día? ¿Qué sentimientos te despertaron las personas y las cosas a tu alrededor?

3.24. Observa las imágenes de los siguientes candidatos. Todos buscan trabajo como dependiente en una tienda de moda. Si fueras el responsable de la selección de personal, ¿a quién elegirías y por qué? Prepara tu argumento y defiéndelo en clase ante tus compañeros.

COMUNICACIÓN

Expresar finalidad y causa

4.1. Escribe ocho frases seleccionando palabras de cada columna.

	• para •	• mejorar mi currículum.
	• para que •	• tengan todos mis datos.
He ido a la conferencia •	• con el fin de que •	• me den un trabajo.
Llamé por teléfono •	• a que •	• mis jefes vean que estoy motivado.
Voy a ir a la entrevista •	• por •	• quedar bien con el jefe.
	• porque •	• tuvieran una buena imagen de mí.

1 ....
2 ....
3 ....
4 ....
5 ....
6 ....
7 ....
8 ....

4.2. Relaciona para formar frases con sentido.

1 Voy a hablar con mi jefe... •   • a para irme de vacaciones.
2 Estoy buscando agencias de viaje... •   • b porque todos vieran que era valiente.
3 Come mucha fruta... •   • c por comer solo hamburguesas.
4 Engordó mucho... •   • d para que me suban el sueldo.
5 Subió a aquella montaña... •   • e con el fin de que tengas mejor salud.

Refutar una información

4.3. Completa las frases utilizando *sino que* o *sino porque*.

a No voy a matricularme, no porque no me gusten las escuelas privadas .... no tengo dinero.

b No es que no pueda ayudarte .... estoy muy ocupado.

c No es que sea antipática .... está siempre muy ocupada.

d Si no lo hago, no es porque no me atreva a pedir un aumento .... considero que no es el momento.

4.4. Observa las fotografías. Elabora un diálogo donde Juan invita a María a diferentes actividades y María se justifica con *sino que* o *sino porque* para rechazar las invitaciones.

Juan

María

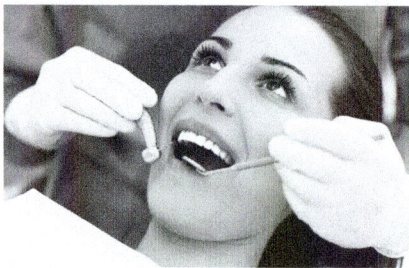  

....

....

....

....

....

....

....

....

....

....

VOCABULARIO

Ámbitos profesionales

4.5. Completa las frases con las siguientes palabras.

> poesía ▪ medioambiente ▪ laboratorio ▪ química ▪ rodaje ▪ cartelera

a Realizar un experimento de .... en casa puede ser peligroso.

b El director de cine hizo un .... sobre la naturaleza.

c La naturaleza se perjudica por la contaminación del ....

d La .... es un género de la literatura.

e La película que está en .... está basada en una novela.

f En el .... de la escuela hicieron un experimento de química.

El mundo laboral

4.6. **Selecciona la palabra correcta para cada definición.**

1 Cita en una empresa en la que te hacen unas preguntas para conocerte y darte un puesto de trabajo.
   a Contrato.
   b Entrevista.
   c Graduación.

2 Cantidad de dinero que paga una empresa a un trabajador.
   a Aumento.
   b *Curriculum vitae*.
   c Sueldo.

3 Número total de trabajadores de una empresa.
   a Plantilla.
   b Alumnado.
   c Compañía.

4 Documento en el que se presentan los estudios y la experiencia laboral de forma resumida.
   a Carta de presentación.
   b CV.
   c Contrato.

5 Persona dentro de una empresa que se dedica a organizar diferentes tareas.
   a Coordinador.
   b Director.
   c Candidato.

6 Documento que certifica los estudios universitarios de una persona.
   a Carta de presentación.
   b Currículum.
   c Grado.

4.7. **Relaciona cada una de las siguientes frases para decidir a qué tipo de carta formal pertenecen: carta de reclamación, carta de presentación, carta de motivación o carta de agradecimiento.**

	Tipo de carta
a Entre mis logros, quiero destacar el premio al *Joven emprendedor del año*.	
b Agradezco muchísimo todo lo que hizo por mí y estoy a su entera disposición para lo que necesite.	
c Respecto al sillón de masajes que usted me vendió, debo decirle que no me ha aportado ningún beneficio.	
d Sé que este máster puede aportarme los conocimientos y la técnica necesarios para iniciar mi carrera profesional.	

4.8. **Las siguientes frases forman parte de cartas formales. Decide si las explicaciones que se dan son verdaderas (V) o falsas (F).**

a Ⓥ Ⓕ *Mis logros:* significa éxito, sobre todo a nivel profesional.

b Ⓥ Ⓕ *Deseo ampliar mi formación:* significa que la persona que escribe quiere obtener más datos.

c Ⓥ Ⓕ *Usted es todo un referente en este campo:* significa que la persona a la que se escribe es un profesional, líder en su sector.

d Ⓥ Ⓕ *Aportarme:* significa llevarme, dirigirme hacia un sitio.

e Ⓥ Ⓕ *Iniciar mi carrera profesional:* significa comenzar a estudiar.

f Ⓥ Ⓕ *El idioma no será ningún obstáculo:* significa que la persona solo habla su idioma.

g Ⓥ Ⓕ *Estoy a su entera disposición:* significa que la persona que escribe está dispuesta a ayudar en lo que sea necesario al que recibe la carta.

GRAMÁTICA

Por y para

4.9. **Selecciona si los siguientes usos se expresan con *por* o *para*.**

	Por	Para			Por	Para
a Medio.	○	○	e Precio.		○	○
b Destino.	○	○	f Plazo de tiempo.		○	○
c Localización espacial indeterminada.	○	○	g Opinión.		○	○
d Tiempo aproximado.	○	○	h Cambio.		○	○

4.10. **Completa las frases con las preposiciones con *por* y *para*.**

a Empecé a estudiar una ingeniería .... hacer felices a mis padres.

b A la hora de decidir qué estudiar, es importante saber que nadie puede decidir .... ti.

c Abandoné la carrera a los dos años de empezar .... falta de motivación.

d Terminé dedicándome al negocio familiar .... seguir con la tradición.

e ▶ Cuando eres joven, no es fácil saber qué quieres estudiar.
  ▶ Eso le digo a mi hijo .... que no tenga miedo de volver a empezar.

f En mi profesión, hay que formarse continuamente .... estar al día.

g No sabría decir si estudié .... vocación o tradición, supongo que un poco las dos cosas.

h Estoy trabajando en verano .... ayudar a mis padres con los gastos.

4.11. **Elige el final de las frases.**

a Abandonaría los estudios para...   •   • trabajo.
  Abandonaría los estudios por...   •   • irme a vivir el extranjero.

b Cambiaría de trabajo por...   •   • salario.
  Cambiaría de trabajo a fin de que... •   • mi salario fuera mejor.

c Me iría a vivir a otro país por... •   • aprender un idioma.
  Me iría a vivir a otro país para... •   • amor.

d Haría un curso de posgrado por...   •   • tener mayor formación.
  Haría un curso de posgrado con el fin de... •   • encontrar un trabajo mejor.

e Estudiaría un nuevo idioma por...   •   • afición.
  Estudiaría un nuevo idioma para...   •   • viajar a ese país.

Oraciones temporales con *cuando*

4.12. **Relaciona las frases correctamente.**

1 Cuando puedas...   •   • a solo salía una vez al mes.
2 Cuando voy al gimnasio...   •   • b olvidasteis las llaves.
3 Cuando termine el curso...   •   • c ven a ver mi nueva casa.
4 Cuando salisteis de mi casa...   •   • d haré un viaje por Europa.
5 Cuando viajo en metro...   •   • e me compraré un abrigo.
6 Cuando tenía 15 años...   •   • f me siento más activo.
7 Cuando haga un poco más de frío... •   • g escucho música.

4.13. Señala las frases correctas gramaticalmente.

a ⃝ Es un error estudiar algo cuando no se tiene una verdadera vocación.

b ⃝ Cuando terminé la carrera las cosas no serán fáciles.

c ⃝ Retomó los estudios cuando se dio cuenta de su verdadera vocación.

d ⃝ Cuando deje de trabajar, se apuntó a una escuela y volvió a estudiar.

e ⃝ Tuvo problemas con su familia cuando les comunicó qué quería estudiar.

f ⃝ Cree que tendrá las ideas más claras cuando llegue el momento de ir a la universidad.

4.14. Observa estas fotografías y escribe frases con *cuando*.

a ....

b ....

c ....

d ....

e ....

f ....

Otras oraciones temporales

4.15. Completa las frases con las siguientes expresiones temporales.

> después de ▪ desde que ▪ hasta que ▪ en cuanto ▪ mientras ▪ antes de ▪ siempre que ▪ al cabo de

a Se fue a Londres a estudiar y .... dos meses encontró un trabajo.

b Recoge las cosas .... de usarlas, eres un desordenado.

c Me quedaré con el niño .... lleguen sus padres.

d Haz los deberes .... ponerte a jugar con el ordenador.

e Estudio inglés .... tenía cinco años.

f Nos trae algún regalo .... viene a vernos, es muy detallista.

g Ve la oficina del jefe .... llegues a la oficina. Ha preguntado por ti varias veces.

h No me gusta que uses el móvil .... estás estudiando.

4.16. Escribe los verbos en el tiempo y modo adecuados.

a En cuanto .... (empezar) la película, todo el mundo dejó de hablar.

b Antes de que .... (terminar) el curso, todos hablaremos mucho mejor en español.

c Cuando .... (hacer) buen tiempo, suelo ir a todos sitios en bicicleta.

d Cuando .... (venir, tú) a verme, te llevaré a los sitios más bonitos de mi ciudad.

e En cuanto .... (saber, yo) lo sucedido, la llamé para contárselo.

f No te olvides de apagar todas las luces antes de .... (salir, tú) de la sala.

g En cuanto .... (llegar, vosotros) a Madrid, llamadme.

4.17. Elige la palabra adecuada para cada una de las frases.

a Me fue imposible hablar con él. Cada vez que lo **intentaba / intento**, cambiaba de tema.

b En cuanto Mario **terminó / termine** de trabajar, nos vamos. Si no, llegaremos tarde al teatro.

c Si quieres, yo pongo la mesa mientras tú **termines / terminas** de preparar la comida.

d En cuanto **acabe / acabé** los estudios, empecé a trabajar en esta empresa.

e Hasta que no me **digan / dirán** si estoy admitido, no quiero hacerme ilusiones.

f Se conocieron en una fiesta y, al cabo de unos meses, **empezaban / empezaron** a salir.

g Mientras **vivas / vivías** en esta casa, tendrás que respetar unas normas.

h El concierto, fatal. Nada más empezar, **se estropeaba / se estropeó** el sonido y no pudimos escuchar nada.

i Mientras algunos alumnos **terminen / terminaban** el examen, otros salimos a tomar un café.

PRONUNCIACIÓN Y ORTOGRAFÍA

Las letras g y j

4.18. ¿Están bien escritas las siguientes palabras que llevan *g* o *j*? Contesta verdadero (V) o falso (F). Corrige las palabras que estén mal escritas.

a Ⓥ Ⓕ Orijen.

b Ⓥ Ⓕ Jeólogo.

c Ⓥ Ⓕ Dijo.

d Ⓥ Ⓕ Introdujo.

e Ⓥ Ⓕ Vergüenza.

f Ⓥ Ⓕ Dedugo.

g Ⓥ Ⓕ Jracioso.

h Ⓥ Ⓕ Empujar.

CULTURA

Mujeres trabajadoras y latinas

4.19. Contesta verdadero (V) o falso (F) a las siguientes afirmaciones.

a Ⓥ Ⓕ En los últimos veinte años, el número de mujeres empleadas en la economía formal subió en un 85% en todas las regiones hispanoamericanas.

b Ⓥ Ⓕ Las mujeres jóvenes hispanoamericanas, sin embargo, reciben cada vez menos educación.

c Ⓥ Ⓕ Muchas mujeres hispanoamericanas viven, de todos modos, en condiciones de pobreza.

d Ⓥ Ⓕ Existe un único modelo de mujer hispanoamericana, ya que no hay ninguna diferencia cultural entre ellas.

EVALUACIÓN

Comprensión de lectura

4.20. **Lee este texto y contesta las preguntas.**

Laharrague-Chodorge es una empresa foresto-industrial que opera en la zona norte de la provincia de Misiones, Argentina. Con más de 40 años de experiencia, realiza sus actividades con bosques de pino resinoso, a partir de los cuales elabora una gran variedad de productos de calidad destinados a la fabricación y equipamiento de viviendas. La empresa inició

sus actividades en el año 1968 con el nombre de Establecimiento Maderero Chodorge S.A. Fue fundada por inmigrantes franceses y, actualmente, es una de las compañías madereras con más tradición que se encuentra funcionando en la provincia. Sus productos son considerados los de mejor calidad del mercado argentino.

Grupo Herdez es una empresa líder en el sector de alimentos procesados y en el segmento de helado de yogur en México, y uno de los líderes en la categoría de comida mexicana en Estados Unidos. La compañía fue fundada en 1914 y está listada en la Bolsa Mexicana de Valores desde 1991. Grupo Herdez cuenta con un centro de investigación y desarrollo, lo cual le permite ofrecer nuevos y mejores productos que brinden valor agregado a sus clientes y consumidores. Parte importante de su estrategia es la responsabilidad social, mediante el uso eficiente de recursos y la utilización de energías limpias, y la educación alimentaria para reducir los índices de desnutrición en México.

En 1955, el joven matrimonio, formado por Roberto Chaves y María de Chaves, fundó en Bogotá la sociedad **Laboratorios de Cosméticos Vogue S.A.**, lanzando inicialmente al mercado esmaltes para uñas, quitaesmaltes y lápices de cejas con la marca Vogue. Su experiencia en trabajos anteriores en el mundo de los cosméticos, una excelente asesoría, así como el tesón y la perseverancia los llevaron a formar, más tarde, una pequeña empresa propia. Años después complemen-

taron su línea Vogue con barra de labios, sombras para ojos, cremas para manos y otros. Durante más de 50 años, esta marca de cosméticos ha sido reconocida en Colombia y en el exterior por sus productos de excelente calidad y presentación, mereciendo la fidelidad de todos sus clientes y consumidores.

	Laharrague-Chodorge	Grupo Herdez	Vogue
a ¿Qué empresa elabora productos para la construcción?	○	○	○
b ¿Qué empresa amplió su gama de productos desde su creación?	○	○	○
c ¿Qué empresa contaba con el conocimiento previo de sus dueños en ese sector?	○	○	○
d ¿Qué empresa trata de mejorar la calidad de sus productos?	○	○	○
e ¿Qué empresa es una de las más antiguas del sector en su país?	○	○	○
f ¿Qué empresa lleva a cabo políticas de respeto al medioambiente?	○	○	○

4.21. Vas a escuchar un fragmento de un artículo de Risto Mejide, publicista español, sobre la reinvención laboral. Después, debes seleccionar las respuestas correctas.

1 En la audición, el autor desanima al oyente a...

   a buscar trabajo.   **b** trabajar gratis.   **c** no buscar trabajo.

2 El publicista considera que el hecho de no encontrar trabajo...

   a es una patraña.   **b** no depende de la edad que tengas.   **c** lleva a la frustración.

3 En la grabación se dice que...

   a trabajar en una empresa no es difícil.   **b** los parados deberían crear su propia empresa.   **c** hay que aspirar a ser director general o director de *marketing*.

4 El autor considera que se debe buscar...

   a la habilidad que tenemos en nuestro sector.   **b** aquella habilidad que nos asemeja al resto de competidores.   **c** aquella habilidad por la que uno puede cobrar.

5 Con respecto al mercado, hay que pensar en...

   a crear una necesidad en los clientes.   **b** qué dinero puedes gastar.   **c** qué necesita la gente de nuestra confianza.

6 El autor concluye diciendo que...

   a hay que pensar en una vida para retirarse con cierta estabilidad.   **b** debemos anteponer el disfrutar con lo que haces a buscar la estabilidad.   **c** hay que aprender a gastar menos.

Expresión e interacción escritas

4.22. Imagina que has terminado la universidad y estás buscando tu primer trabajo. Escribe una carta de presentación en la que hables de tus estudios y de tus talentos.

Expresión e interacción orales

4.23. Observa la imagen y prepara una exposición para presentarla a la clase.

El tema es el problema a la hora de decidir qué carrera estudiar.

Incluye la siguiente información:

– ¿Es una decisión fácil o difícil? ¿Por qué?

– ¿Qué tenemos que tener en cuenta a la hora de decidir los estudios universitarios?

– ¿Son más importantes las salidas profesionales de la carrera o tus gustos?

– ¿Has pensado en qué vas a estudiar tú? ¿Por qué?

No olvides:

– diferenciar las partes de su exposición: introducción, desarrollo y conclusión final;

– ordenar y relacionar bien las ideas;

– justificar tus opiniones y sentimientos.

COMUNICACIÓN

Mostrar acuerdo y desacuerdo

5.1. **Lee las frases e indica si estás de acuerdo totalmente (T), parcialmente de acuerdo (P) o en desacuerdo (D).**

a (T) (P) (D) La culpa de la situación de los inmigrantes la tienen solo los políticos.

b (T) (P) (D) La discriminación contra los inmigrantes debería ser castigada duramente.

c (T) (P) (D) El problema de la inmigración no tiene solución.

d (T) (P) (D) Las organizaciones exageran. El tema no es tan grave como dicen.

e (T) (P) (D) Se debería tratar a todo el mundo con la misma educación y respeto, independientemente de su raza.

5.2. **Clasifica estas frases en acuerdo total, acuerdo parcial o desacuerdo.**

a Ni hablar, eso no es así.

b Yo también creo que lo de privatizar la sanidad pública no es la solución.

c Pues yo no estoy para nada de acuerdo con ella.

d No tienes ni idea de lo que estás diciendo.

e Yo no estoy de acuerdo con su idea pero reconozco que puede funcionar.

f Yo estoy de acuerdo con eso.

g Sí, estoy de acuerdo, pero tendríamos que ayudar todos mucho más.

Acuerdo total	Acuerdo parcial	Desacuerdo

Apoyar y refutar una información

5.3. **Clasifica las siguientes expresiones según le siguen un verbo en indicativo o subjuntivo.**

es evidente que ■ está demostrado que no ■ no es cierto que ■ es cierto que no ■ es obvio que ■ no es verdad que ■ está claro que

Indicativo	Subjuntivo

5.4. **Completa estas frases hablando sobre las precauciones que debemos tomar antes de viajar.**

a Es evidente que... ....

b Está claro que no... ....

c No está claro que... ....

d No es verdad que... ....

VOCABULARIO

El voluntariado

5.5. **Lee el texto y complétalo con las siguientes palabras.**

> auxilios ▪ horas ▪ voluntaria ▪ ganar ▪ compensan
> vida ▪ organización ▪ explotan

Hola, me llamo Rosa y trabajo como .... de la Cruz Roja. Empecé en esto por una amiga que no paraba de hablarme de esta .... Nunca me he arrepentido. Algunos preguntan sobre nuestras razones y nos dicen que nos .... porque trabajamos sin .... dinero. Es verdad que "perdemos" muchas .... de nuestro tiempo, pero después hay momentos que lo .... todo. Por ejemplo, en el tema de primeros ...., cuando estás atendiendo a una persona y le salvas la ....

5.6. **Relaciona las columnas para formar frases sobre las acciones que hacen los voluntarios.**

a Ayudar   •   1 de   •   A ONG.

b Organizar   •   2 -   •   B que lo necesita.

c La donación   •   3 actividades para •   C antiglobalización.

d Colaborar   •   4 las prácticas de •   D Cruz Roja.

e Conocer   •   5 como la   •   E niños hospitalizados.

f Las manifestaciones • 6 a la gente   •   F primeros auxilios.

g Las organizaciones mundiales • 7 con una • G sangre.

Más vale prevenir

5.7. **Selecciona la mejor opción.**

a La finalidad de un botiquín de viaje es la de tener a nuestra disposición material de **primeros auxilios / necesidades / curaciones**.

b En el botiquín para el viajero no debería faltar agua **mineral / oxigenada / sin gas**.

c Si realizas un viaje largo, te recomendamos visitar a tu médico para **consultarle / pedirle / hablarle** por vacunas o medicamentos necesarios.

d Hay otros elementos que debes llevar por precaución, como **la crema / la pasta / el repelente** de insectos.

e Trata de alimentarte de forma sana, mantenerse hidratado consumiendo agua **potable / bebible / segura**.

5.8. **Completa estas frases sobre Colombia. Si es necesario, consulta el libro del alumno.**

1 Para los estadounidenses que van a estar en Colombia menos de 90 días .... tener un visado.

   a no necesitan   b necesitan

2 Antes de viajar a Colombia .... que vacunarte.

   a tienes   b no tienes

3 En Colombia .... restricciones para sacar dinero de los bancos.

   a hay   b no hay

4 El aeropuerto de Cartagena es ....

   a nacional   b internacional

5 La circulación por carretera en Colombia se ve dificultada por .... que tiene el país.

   a la gran cantidad   b la gran cantidad de
     de montañas   ríos

6 No existe restricción en .... en el país.

   a el uso de seguro   b el consumo de agua
     de asistencia

GRAMÁTICA

Expresiones impersonales con indicativo y subjuntivo

5.9. **José de Palique (un torero español) y Birgit Burdot (actriz francesa y defensora de los animales) se encuentran en una fiesta y empiezan a hablar sobre una de las tradiciones españolas más polémicas: los toros. Completa los huecos con una forma correcta del indicativo o del subjuntivo.**

Me parece una vergüenza que vosotros, los españoles, ... (mantener) en la actualidad una costumbre tan horrible como las corridas de toros.

¡Pero, mujer! ¿Por qué? Es importante que .... (conservar) nuestras tradiciones y que .... (transmitir) nuestra cultura a nuestros hijos.

Pero, pero... ¿Es posible que .... (llevar, vuestros) a vuestros hijos a ver esos espectáculos? ¡Sois unos salvajes! Me parece que .... (ser) una barbaridad.

Pues yo creo que vosotros, los extranjeros, no .... (comprender) en qué consiste esta tradición y no .... (darse cuenta) de la importancia que tiene para la cultura y la economía.

Pues yo no estoy de acuerdo contigo.

5.10. **Keiko y Wolfram son dos estudiantes de español que discuten sobre la caza de ballenas. Completa los verbos con una forma correcta del indicativo o del subjuntivo.**

Wolfram: ¿Es cierto que en vuestros país todavía .... (cazar, vosotros) ballenas?

Keiko: Sí, claro, pero menos que antes. Es una lástima que .... (ser) tan difícil encontrar carne de ballena en las tiendas porque está muy buena.

Wolfram: Vale, Keiko, yo entiendo que es una parte de vuestra gastronomía, pero me parece que .... (estar) fatal que no .... (respetar, vosotros) los acuerdos internacionales sobre la caza de ballenas.

Keiko: Sí, Wolfram, entiendo tu punto de vista, pero es muy difícil que un acuerdo internacional .... (cambiar) las costumbres y la economía de un país.

Wolfram: Es lógico que .... (defender, tú) las costumbres de tu país, pero es evidente que no .... (estar, nosotros) de acuerdo.

Keiko: De todas formas, Wolfram, solo estamos hablando tú y yo. ¿Por qué no escuchamos la opinión de nuestros compañeros? Creo que aquí hay gente de otros países...

5.11. **Relaciona las preguntas con sus respuestas. Después, completa lo verbos que faltan.**

1 Luisa, el periódico dice que la economía va bien. •

2 Yo creo que los voluntarios no .... (hacer) mucho trabajo. ¿A ti qué te parece? •

3 ¿Cuál crees que .... (ser) el mejor lugar para viajar? ¿Bogotá o Buenos Aires? •

4 Yo no creo que el organizador del viaje .... (tener) razón. •

5 Pues mi hermano me ha dicho que él no cree que la gente .... (hacer) voluntariados sin cobrar nada. •

• **a** A mí me parece que no .... (tener, tú) ni idea de lo que estás diciendo.

• **b** La verdad es que a mí no me parece que Bogotá .... (ser) la mejor opción.

• **c** Pero sabrá más que nosotros, ¿no crees?

• **d** Pues dile que no tiene ni idea de lo que está diciendo.

• **e** ¿Ah, sí? Pues a mí no me parece que .... (ir) tan bien.

5.12. **Completa con la forma correcta.**

a A mí me parece que no .... (ser) justo que la vivienda en España .... (costar) tanto dinero.

b Me parece una buena idea que en las empresas .... (haber) guarderías para los hijos de los empleados. Me parece que la idea .... (venir) de Suecia.

c Yo creo que .... (ser) lógico que .... (pagar) más impuestos las personas que ganan más dinero.

d Está claro que el mundo .... (pasar) por una situación de crisis, pero a mí no me parece que .... (ser) la peor crisis de la historia.

e A mí no me parece bien que los científicos .... (dedicarse) a descubrir cómo elegir el sexo de tus hijos. No creo que el ser humano .... (deber) jugar a ser Dios.

f Consideramos necesario que los gobiernos occidentales .... (aceptar) su responsabilidad hacia los países menos favorecidos.

5.13. Completa los huecos del texto con los verbos del cuadro. No te olvides de poner el verbo en indicativo o subjuntivo según la estructura de opinión o valoración que lo acompaña.

terminar ▪ quejarse ▪ ser ▪ ser ▪ compartir ▪ hacer ▪ darse cuenta ▪ comprar

Una vida al alcance de pocos

No sé a quién va dirigido este mensaje, solo sé que siento unas ganas enormes de gritar y hacer que todas las personas de este país escuchen lo que tengo que decir. Me parece una vergüenza que esta sociedad no **a** .... del problema más importante en la vida de la mayoría de los ciudadanos españoles: la economía.

Me pregunto cómo se hace. Coche, seguro, gasolina, piso, comer, vestirse y no digamos más si hay que ir al dentista a que te arranquen los pocos euros que te quedan. Es increíble que **b** .... (ellos) de la natalidad.

Por favor, seamos serios, es evidente que el tipo de vida de hoy **c** .... para personas de alto nivel social. ¿Se han preguntado lo que cobra un camarero, una dependienta, un mozo, una secretaria...?

Está claro que no todo el mundo **d** .... sus gastos con otra persona, y si es así y pretendes independizarte, es mejor que **e** .... lotería, es posible que algún día la suerte **f** .... cambiar tu vida.

Los sueldos se congelan y opino que **g** .... miserables, pero no lo hacen las viviendas, la vida en general. A este paso es muy probable que algunos **h** .... durmiendo en la calle. Solo tengo 21 años y me echo las manos a la cabeza pensando si algún día podré permitirme tener hijos.

Una chica desesperada que solo quiere llegar a fin de mes.

(Adaptado de *Cartas al director. La Vanguardia*)

Pretérito perfecto de subjuntivo

5.14. Completa las siguientes frases con presente o pretérito perfecto de subjuntivo.

a ¡Qué alegría volver a verte en este día tan especial para mí! Me hace muy feliz que .... (decidir, tú) venir a mi fiesta.

b Estoy enfadada contigo. Me molesta que no me .... (decir, tú) la verdad sobre Alberto. Ahora ya no puedo solucionar las cosas con él.

c Nos da mucha pena que la gente .... (regalar) perritos en Navidad y que luego, cuando quieren irse de vacaciones, los .... (abandonar) en una carretera o en cualquier sitio.

d A José María le da mucha rabia que su equipo .... (perder) siempre en los campeonatos importantes.

e ¿Te parece raro que .... (aprobar, nosotros) el examen? ¡Pero si hemos estudiado muchísimo!

f No soporto que .... (dejar, vosotros) la cocina siempre sucia y desordenada. A ver cuándo os dais cuenta de que en esta casa siempre limpio yo.

g Me alegro de que Víctor te .... (pedir) por fin que salgas con él. ¡Ya era hora!

h Me extraña que Paco no .... (darse cuenta) de que le han robado la cartera. ¡Con lo cuidadoso que es!

i ¡Qué raro que no .... (llegar, ellos) todavía! Hace ya dos horas que salieron de casa. Me preocupa que les .... (pasar) algo.

5.15. **Completa las siguientes frases.**

a Me dijeron que llegaría sobre las ocho y ya son casi las diez. ¡Qué extraño que… ....
.... !

b Está estudiando, pero tiene la música muy alta. Me parece raro que… ....
....

c El campeón mundial de tenis perdió ayer en primera ronda. Me extraña que… ....
....

d Organizaron una fiesta y no me llamaron. Me parece extraño que… ....
....

5.16. **Completa el texto utilizando los verbos en su forma correcta.**

¡Jamás lo habría creído! Me encanta **a leer / leo / haya leído** las aventuras de Harry Potter; me gusta el castillo y me encanta que Harry y sus amigos **b hacer / hagan / hayan hecho** trucos de magia. Bueno, en realidad, lo único que no me gusta de Harry Potter es Harry Potter, porque es un enchufado en el colegio. No soporto

que los profesores y el director le **c tratar / traten / hayan tratado** de una manera especial y que, además, su profe le **d regalar / regala / haya regalado** una Nimbus 2000. Es cierto que tiene muchos problemas en casa porque a su familia

le molesta que él **e ser / sea / haya sido** el mago más famoso de todos los tiempos. Además, sus tíos odian que Harry **f estudiar / estudie / haya estudiado** en un colegio para magos y que **g conocer / conozca / haya conocido** a gente tan extraña. Por otro lado, siento mucho que los padres de Harry **h morir / mueran / hayan muerto**.

Pronombre *se*

5.17. **Lee las siguientes frases e indica qué valor tiene el pronombre *se*.**

	Reflexivo	Pasivo	Recíproco	Objeto indirecto
a En esta ciudad no **se** respira aire limpio.	○	○	○	○
b **Se** lo dijeron ayer.	○	○	○	○
c **Se** busca a personas que quieran trabajar en turno de noche.	○	○	○	○
d **Se** comunican por correo.	○	○	○	○
e Javier **se** vistió con un traje.	○	○	○	○
f **Se** comenta que el responsable es tu hermano.	○	○	○	○

PRONUNCIACIÓN Y ORTOGRAFÍA

Los sonidos /k/ y /g/

5.18. Completa estas palabras que tienen los sonidos /k/ y /g/.

a en.....antado

b .....astillo

c col.....ante

d .....árate

e aun.....e

f .....ilogramo

g ci.....eña

h .....ueva

i .....erra

CULTURA

La medicina tradicional indígena

5.19. Relaciona las dos columnas. Si es necesario, lee de nuevo la información que aparece en el texto del libro del alumno.

1 Diagnósticos. •	• a Curanderos.
2 Salud. •	• b Plantas.
3 Médicos. •	• c Equilibrio.
4 Origen. •	• d Varias: española, africana, moderna…
5 Medicina. •	• e Visión del universo.
6 Su principio. •	• f Desequilibrio.
7 Enfermedad. •	• g Culturas prehispánicas.
8 Influencias. •	• h Limpias, masajes, los sueños…

5.20. Con tu compañero/a, buscad en Internet más información sobre el cantante dominicano Juan Luis Guerra y completad el cuadro.

Vida personal.	
Carrera profesional.	
Premios.	
Canciones más populares.	

Comprensión de lectura

5.21. Lee el texto y complétalo con estas palabras. Después, escribe la idea principal del texto.

> carros ■ presencia ■ callejeros ■ juguetes ■ regalados ■ maltrataban
> disparate ■ sótanos ■ sobrevivir

Los que nunca piden nada

Aunque nací en Madrid y cuando era niño casi nunca pisé el campo, recuerdo que entonces, en los años cincuenta, la **a** .... de los animales era tan natural y frecuente que formaban parte del paisaje, incluso del urbano. No solo se veían por la capital caballos, burros y mulas tirando de carros o a veces montados, sino que recuerdo haber visto vaquerías en el céntrico barrio de Chamberí. Las vaquerías estaban instaladas en los **b** ...., a nivel del suelo y tenían unas ventanas a través de las que los niños espiábamos a las vacas. Además de estas bestias mayores y de los pájaros, era habitual cruzarse con perros y gatos **c** ...., sin presentes ni pasados dueños.

Seguro que los caballos y burros de entonces llevaban muy mala vida, tirando de **d** .... cargados hasta arriba y recibiendo muchos golpes; seguro que las vacas madrileñas debían de ser melancólicas y enfermar fácilmente; los perros y gatos vagabundos tendrían grandes dificultades para atravesar cada jornada famélica y escapar de los golpes de la gente. Pero muchos de ellos ya habían nacido en las calles y podían **e** .... con más o menos astucia.

Nuestra sociedad presume de que todo eso haya acabado; existen asociaciones que se dedican a proteger a los animales y algunos miembros fanáticos llegan a emplear la violencia contra sus semejantes por evitársela a los irracionales. En mi opinión, la expresión "derechos de los animales" es un auténtico **f** ...., ya que los animales no pueden tener derechos, así como tampoco pueden tener deberes. ¿Se imaginan a un loro o a un mono multado por faltar o infringir alguna ley? ¿Y cómo se les informaría de dichas leyes?

Solo el ser humano podría imponerse a sí mismo deberes hacia los animales y obligarse a cumplirlos. Por un lado, hay una especie de sacralización de las bestias, con las que a menudo se tienen más consideraciones que con los humanos, sobre todo si son pobres, inmigrantes y sin papeles. Por otro lado, existe lo contrario y no me refiero solo a los casos de violencia extrema y gratuita contra los animales, sino a esos ciudadanos que, cuando llega agosto, no dudan en abandonar a un tercio de los perros **g** .... en nuestro país durante las últimas Navidades.

Yo encuentro a esa gente mucho más despreciable que cualquier antiguo carretero o vaquerizo urbano porque ellos **h** .... a sus animales con un objetivo: cumplir con su función asignada y ayudar al hombre a ganarse la vida. Por supuesto, era una relación amo-esclavo, pero precisamente por eso los hombres no prescindían de sus animales por comodidad o capricho, como se hace ahora. Tal vez lo que se ha perdido es la naturalidad en el trato con estos seres que nos han acompañado desde el principio.

Los animales no eran adorados ni estaban humanizados como ahora, pero tampoco era imaginable verlos como a **i** .... de plástico que se tiran, que no sufren y que carecen de expectativas.

Los animales tienen expectativas, aunque sean inmediatas, y lo que nunca debe hacerse es creárselas con nuestra puerta abierta para después decepcionarlos y echarlos a la carretera. Lo que esos despreciables miembros de nuestra sociedad olvidan es que con quienes tenemos más obligaciones es con los que hemos ido a buscar nosotros y a sacar de su sitio, con los que nunca han pedido nada.

(Adaptado de Javier Marías, *El País Semanal*)

Comprensión auditiva

5 5.22. **Escucha la siguiente noticia y señala cuáles son las tres quejas de los médicos que no aparecen en la audición.**

- ☐ La sobrecarga asistencial.
- ☐ La explotación laboral.
- ☐ La precariedad laboral por salario inadecuado.
- ☐ El estrés.
- ☐ La poca calidad asistencial.
- ☐ La pérdida de prestigio.
- ☐ Formación muy práctica.
- ☐ La inexistencia de una carrera profesional.
- ☐ El desinterés de los responsables sanitarios.
- ☐ La visión económica por encima de la visión médica.
- ☐ La falta de cualificación e independencia de los gestores.

- ☐ Demasiado corporativismo.
- ☐ Problemas de comunicación y coordinación.
- ☐ La competitividad.
- ☐ La pérdida del prestigio social.
- ☐ Formación muy teórica.
- ☐ Promoción laboral basado en la formación de cada uno.
- ☐ Falta de motivación y preparación.
- ☐ Inexistencia de la formación continua.
- ☐ Promoción profesional basada en las relaciones personales y no en méritos profesionales.

Expresión e interacción escritas

5.23. **Escribe un texto sobre la ciudad en la que vives y las organizaciones que existen para proteger a los menos afortunados, tanto personas como animales.**

....
....
....
....
....
....
....
....
....
....
....

Expresión e interacción orales

5.24. **Habla con tu compañero/a sobre los animales que puedes encontrar en tu ciudad y la relación que existe entre los animales y las personas.**

COMUNICACIÓN

Hablar de una acción futura respecto a otra pasada

6.1. **Lee el correo que Jaime le envió a su amiga Rosa. Completa las frases con los planes que Jaime tenía en su vida y no se cumplieron, o con acciones que no imaginaba que sucederían y sucedieron.**

> Queridísima Rosa:
>
> Antes de nada, querría agradecerte tu apoyo, bueno, el de los dos. Claro que iré a cenar con vosotros.
>
> Este es un momento en el que ya no tengo claro lo que quiero ni lo que soy. Yo siempre pensé que estaría con Celia toda la vida, incluso imaginé que tendríamos nuestros propios hijos y que formaríamos una familia juntos. Ahora esas ideas me parecen absurdas y me he parado a pensar qué quería yo antes de conocer a Celia. En realidad, me gustaba pensar que viajaría a distintos países, imaginaba que trabajaría en Alemania o en Inglaterra algún tiempo... Pensaba que nunca tendría una vida estable y ni siquiera imaginaba que me enamoraría de alguien como Celia y que nos iríamos a vivir juntos, por eso, quiero hacer un cambio importante en mi vida, volver a esos sueños y ser de nuevo el "yo" de antes.
>
> Ya hablaremos el viernes más detenidamente, ahora te tengo que dejar. De nuevo gracias por la ayuda y la invitación.
>
> Abrazos,
>
> Jaime

a Pensaba que .... (estar, él) con Celia toda la vida, pero ....

b No se imaginaba que .... (enamorarse, él) de alguien como Celia, pero ....

c Imaginó que .... (tener, ellos) sus propios hijos y que .... (formar, ellos) una familia juntos, pero ....

d Le gustaba pensar que (viajar, él) .... a distintos países, pero ....

e Pensaba que nunca (tener, él) .... una vida estable, pero ....

f Ni siquiera imaginaba que .... (enamorarse, él) de alguien como Celia y que .... (irse, ellos) a vivir juntos, pero .... y .... a vivir juntos.

6.2. **Lee los siguientes problemas y completa las frases.**

– *Mañana tengo un examen muy importante, pero me robaron la mochila con todos mis libros y notas. "Nunca pensé que me robarían la mochila".*

a El mejor amigo de mi novio está enamorado de mí. Mi novio no sabe nada y yo no quiero que terminen su amistad. Nunca pensé que... ....

b Tengo 19 años y estoy enamorado de una mujer de 30, queremos casarnos, pero mi familia se opone. Mi madre me decía que... ....

c Tengo 25 años y todavía vivo con mis padres. Tengo un buen trabajo, pero no quiero independizarme. De niño sabía que… ....

....

d Hace tres años que trabajo en la misma empresa. Soy un buen trabajador, responsable, ordenado y me gusta mi trabajo. Pero mi jefe no me valora. Nunca pensé que… ....

Expresar hipótesis en el pasado

6.3. **Completa las siguientes frases expresando hipótesis en el pasado.**

– *Puede ser que en muchas cárceles hubiera presos políticos.*

a .... que estaba enferma. Tenía muy mala cara.

b .... tuviera que solicitar el visado si quería a quedarse un año en el país.

c .... tuvo que vacunarte para ir a Brasil.

d .... la gente de Perú lo haya recibido de forma muy hospitalaria.

e .... no pudiera hacer fotos dentro del Museo Nacional de Colombia.

VOCABULARIO

Momentos históricos

6.4. **Señala la palabra que no está relacionada con el resto del grupo.**

ⓐ ☐ guerra
☐ soldado
☐ revolución
☐ alzamiento

ⓑ ☐ reforma agraria
☐ lucha
☐ campesinos
☐ tratado

ⓒ ☐ rendirse
☐ liderar
☐ luchar
☐ lograr

6.5. **Completa las frases para hablar de momentos históricos de Hispanoamérica y España.**

> alzamiento ▪ civil ▪ guerra ▪ gobernó ▪ conflicto ▪ revolución ▪ dictadura ▪ líderes
> golpe de estado ▪ Tratado de Paz

a La .... de las Malvinas ocurrió entre Argentina y Reino Unido.

b Fidel Castro lideró una .... que acabó con la .... de Fulgencio Baptista.

c El presidente Salvador Allende fue asesinado en 1973 en el .... liderado por Pinochet.

d Augusto Pinochet .... en Chile desde 1974 hasta 1990.

e El .... entre Bolivia y Paraguay terminó en 1935, cuando se firmó el ....

f Uno de los .... de la Revolución mexicana fue Pancho Villa.

g En 1936 hubo en España un .... militar y empezó la guerra .... española.

6.6. Relaciona los acontecimientos históricos con sus características.

1 La Guerra de las Malvinas. •
2 La Revolución cubana. •
3 El General Augusto Pinochet. •
4 La Guerra del Chaco. •
5 La Revolución mexicana. •
6 La guerra civil española. •

• a Ocurrió entre Bolivia y Paraguay.
• b Quitó del poder a Salvador Allende.
• c Se inició en 1920.
• d Fue un conflicto entre Argentina e Inglaterra.
• e Supuso el comienzo de la dictadura de Franco.
• f Estuvo liderada por Fidel Castro.

Memoria histórica

6.7. Relaciona cada palabra con su definición.

1 Represalia. •

2 Explotado/a. •

3 Campo de concentración. •

4 Fosa común. •

5 Trabajos forzados. •

6 Sepultura. •

• a Hoyo en la tierra para enterrar a varios cadáveres.
• b Lugar en que está enterrado un cadáver.
• c Venganza que se hace normalmente en nombre del Estado.
• d Trabajo que se obliga a ejecutar al prisionero como castigo o como parte de la pena que se le ha impuesto.
• e Persona que es obligada a hacer un trabajo superior al normal.
• f Lugar donde se retiene a personas, normalmente por sus ideas políticas.

6.8. Completa las frases con las palabras de la actividad anterior.

a Debemos preservar la libertad para evitar que las personas ....
b Dieron .... a las víctimas del genocidio que fueron halladas en ....
.... en varias ciudades importantes.
c Las .... son frecuentes en tiempos de guerra, así como los ....
.... a los que se obliga a ir personas consideradas enemigas.
d Muchos presos de guerra son condenados a realizar ....

GRAMÁTICA

Pretérito imperfecto de subjuntivo

6.9. Completa la siguiente tabla en pretérito imperfecto de subjuntivo.

infinitivo	pretérito imperfecto de subjuntivo	
a desconocer	*desconociera*	*desconociese*
b leer		
c venir		
d seducir		
e retribuir		

>>>

f	rejuvenecer		
g	predecir		
h	conducir		
i	sugerir		
j	mentir		
k	herir		
l	doler		
m	sentir		
n	conseguir		
ñ	oler		
o	reír		
p	ver		
q	haber		
r	traer		

6.10. **Completa las frases con un verbo del recuadro.**

> comparar ▪ te preocuparas ▪ compraran ▪ hiciéramos ▪ vigilaras ▪ pidiera ▪ viajar ▪ tener
> disfrutar ▪ dejaras ▪ me regalaran ▪ trabajar ▪ vivir ▪ buscar

a Si usted no sabe qué hacer en vacaciones y quiere .... nuevas experiencias, le aconsejamos .... con nosotros a mil y un lugar y .... de las hermosas historias que le vamos a hacer vivir.

b ▶ ¿Está seguro de que este es el mejor detergente del mercado?

> ▶ ¡Claro que sí! De todas formas, si no me cree, le recomiendo ...., ... y, si encuentra algo mejor, cómprelo.

c Si quieres .... energía, come un plátano cada día.

d Me gustaría que mis padres me .... la moto porque quiero .... este verano y en Pizzaboom necesitan repartidores.

e Mis padres me prohibieron que les .... a mis abuelos que .... la moto por mi cumpleaños.

f ▶ Estoy muy preocupada con mi hijo Enrique porque últimamente sale con unos chicos muy raros y no sé qué hacer.

> ▶ Yo te aconsejaría que no .... tanto, y que le .... un poco más de libertad, pero lo .... de cerca.

g Lo siento, chicos, mis padres me prohibieron que .... la fiesta en mi casa.

PIZZA

Pedir o exigir formalmente

6.11. Completa las frases con el verbo en presente o pretérito imperfecto de subjuntivo.

a El doctor le pidió que .... (tomar) las pastillas todos los días.

b Haz lo que sea, pero consigue que te .... (escuchar, ellos).

c Te rogaría que no .... (poner) los pies encima de la mesa.

d ¡Vaya cara! Quería que le .... (decir, tú) las respuestas del examen.

e Intentarán que .... (reducirse) la lista de espera de los hospitales en la próxima legislatura.

f Si esto sigue así, ordenaré que .... (suspender, ellos) el programa de ayudas.

g La huelga de médicos se prolongará indefinidamente. Los médicos exigen que el gobierno .... (aprobar) la subida de salario antes de dos meses.

h Me gustaría que me .... (repetir, usted) las pruebas de sangre. No estoy muy contenta con los resultados.

i Me recomendó que .... (leer, yo) bien el contrato antes de tomar una decisión.

j Antes de entrar en un nuevo país siempre piden que todos .... (rellenar) unos formularios.

6.12. Escribe frases con elementos de las tres columnas y conjuga los verbos en el tiempo conveniente. Son posibles varias combinaciones.

1 Está prohibido •	• a ser una reina.
2 Te sugiero •	• b decir siempre lo que piensas.
3 Les pediría •	• c respetar a tus compañeros de trabajo.
4 Yo que tú •	• d apoyar las causas de los más necesitados.
5 Estaba permitido •	• e colaborar en alguna ONG como voluntario en tu tiempo libre.
6 Te recomendaría •	• f fumar en los lugares públicos.
7 Querría •	• g ser más solidario.
8 Sería conveniente •	• h viajar para conocer otros mundos.

• que •

• ~ •

1 ....

2 ....

3 ....

4 ....

5 ....

6 ....

7 ....

8 ....

6.13. Construye un diálogo entre un vecino y un funcionario del ayuntamiento. El vecino quiere pedir que cambien las cosas en su barrio y se queja porque paga sus impuestos pero su barrio está abandonado últimamente, no se cuidan las zonas verdes, no se recoge la basura puntualmente y no se siente seguro porque está poco iluminado y la policía no pasa frecuentemente... Represéntalo con tu compañero/a en clase.

Funcionario: ¡Buenos días! ¿en qué puedo ayudarle?

Vecino: ¡Buenos días! Vengo a exponer la situación en la que se encuentra la zona en la que vivo, me gustaría solicitar mejoras.

Funcionario: Bien, cuénteme, por favor.

Oraciones condicionales

6.14. **Ordena estas palabras para formar oraciones condicionales.**

– *lávate / si / ahora / manos / las / comer, / quieres / por favor*
"Si quieres comer, lávate ahora las manos, por favor".

a tendrá / hizo, / responsabilidades. / lo / Si / que / sus / asumir

....

b ganas. / Si / pides, / pero / lo / hago, / tengo / me / no / lo

....

c carreteras. / tiempo / así, / sigue / cerrarán / Si / el / las

....

d puedes, / no / mañana. / lo / Si / dejes / para

....

6.15. **Completa con los verbos en la forma adecuada: pretérito imperfecto de subjuntivo o condicional simple.**

a Si .... (trabajar) más, ganaría más dinero.

b Si .... (atender) a la profesora, no tendrías que estudiar tanto en casa.

c Si .... (hacer) más deporte, estarías en forma.

d Si .... (leer) más a menudo, tu vocabulario .... (ser) más amplio.

e Si .... (limpiar) vuestra habitación, vuestra madre no .... (enfadarse) tanto.

f Si hablaras menos por teléfono, ... (reducir) tus gastos de teléfono.

g Si .... (ahorrar) un poco más, nos podríamos ir de vacaciones.

h Si .... (haber) espacio en el garaje, no tendría que dejar el coche en la calle.

i Si me lo .... (pedir) con educación, te lo .... (dar).

j Si .... (poner) más esfuerzo, ... (conseguir) lo que quisiera.

6.16. **Relaciona las dos partes de la oración.**

1 Si tuviera las oportunidades que tú tienes, •   • **a** no tendrías que preguntar dos veces.
2 ¿Podrías volver a hablarle •   • **b** si la economía mejorara?
3 Si escucharas cuando te hablan, •   • **c** no estaría aquí sentado quejándome.
4 Si me gustara patinar, •   • **d** me lo dirías.
5 ¿Qué harías tú •   • **e** si te mintiera?
6 ¿Debería volver a mi país •   • **f** si te dijeran que fueron ellos?
7 Si quisieras, •   • **g** si la nota fuera inferior a cinco.
8 Tendrías que repetir el examen •   • **h** me iría con vosotras a la pista.

Como si + pretérito imperfecto de subjuntivo

6.17. **Completa las siguientes frases.**

a Javier siempre viste como si... ....

b No sé por qué te enfadas, ni que... ....

c Elena está muy seria. Está como si... ....

d ¿Por qué me dices eso? Ni que... ....

e Camina como si... ....

f Habla como si... ....

La grafía *h* y las palabras homófonas

6.18. Señala de cada grupo la palabra que tiene un error ortográfico.

a
- ☐ helado
- ☐ ueso
- ☐ abrir
- ☐ tuvo

b
- ☐ hierba
- ☐ ojear
- ☐ ola
- ☐ ambre

c
- ☐ abrá
- ☐ hierro
- ☐ himno
- ☐ echar

d
- ☐ oja
- ☐ hola
- ☐ hecho
- ☐ hielo

e
- ☐ tubo
- ☐ a ver
- ☐ tuvo
- ☐ haver

CULTURA

Dos pintores, dos mundos

6.19. ¿Recuerdas estos dos cuadros? Obsérvalos y contesta las preguntas.

a ¿Qué tienen en común las dos pinturas y los dos autores?

....

....

b ¿A qué corriente artística pertenecen?

....

....

c ¿Los autores estaban de acuerdo con esta clasificación?

....

....

d ¿Conoces otros cuadros de Dalí o de Frida? Elige el que más te gusta y descríbelo. Busca información en Internet.

....

EVALUACIÓN

Comprensión de lectura

6.20. Lee el texto y contesta verdadero (V) o falso (F).

Banco Mundial entrega apoyos a jóvenes mexicanos

CIUDAD DE MÉXICO.

Jóvenes mexicanos consideran que es posible combatir la pobreza a través del desarrollo.

Ellos ponen el ejemplo. Por medio circo difunden estos mensajes: "Pretendemos utilizar el circo y el vídeo, como una forma de dar voz a los jóvenes de la comunidad, transformar el mensaje a un lenguaje más común, más atractivo para todo público, con la idea de que se sepa de los programas de desarrollo que se están haciendo y de los que no se están haciendo", comentó Juan Carlos Hernández, director de "Manchicuepa", un circo social.

Hoy se celebró en esta ciudad, la primera feria "Jóvenes por un México sin pobreza", a la que llegaron más de 500 propuestas relacionadas con el medioambiente, seguridad ciudadana y política pública, entre otros.

El Banco Mundial otorgó seis apoyos de 205 000 pesos a los mejores proyectos. "Todas estas ferias van enfocadas a la pobreza y deben tener innovación. Para decidir quién recibirá el apoyo, nosotros valoramos las ideas que tiene la gente en esos pequeños proyectos que necesitan ayuda. Tenemos 200 000 dólares para los ganadores y también asistencia técnica", mencionó Susana Guerrero, directora del Banco Mundial para México y Colombia.

La funcionaria del Banco Mundial considera que aunque falta mucho por hacer, México ha avanzado en el combate a la pobreza. "Hay bastantes progresos de programas de gobierno que pueden expandirse. México está bastante bien comparado con otros países", añadió Susana Guerrero.

Este año el Banco Mundial destinará unos 1,8 millones de pesos para mejorar aspectos relacionados con competitividad, la pobreza, la calidad de la educación y el uso del agua.

(Adaptado de http://www.esmas.com/noticierostelevisa/mexico/432722.html)

a V F Los jóvenes utilizan el circo y el vídeo para protestar contra las injusticias cometidas por el gobierno.

b V F La feria "Jóvenes por un México sin pobreza" se llevó a cabo en la Ciudad de México.

c V F El Banco de México otorgó apoyos financieros a los mejores proyectos de la feria.

d V F El Banco Mundial apoya principalmente a los grandes proyectos.

e V F Susana Guerrero piensa que México ha avanzado en el combate contra la pobreza.

f V F Se invertirán casi dos millones de pesos para mejorar la calidad de la educación, el uso del agua y para combatir la pobreza, entre otras cosas.

Comprensión auditiva

6.21. Escucha el siguiente testimonio publicado en la revista "Amnistía Internacional" y responde las preguntas.

a ¿Por qué fue detenido Ángel Colón? ....

....

b ¿Qué significa la palabra *alegaciones*? Escribe algún sinónimo. ....

....

c ¿Cuál fue la función de la procuraduría en este caso? ....

....

d ¿Cuál es la función de un procurador en un proceso judicial? ....

....

e ¿Cómo ha reaccionado ante estos hechos el gobierno mexicano? ....

....

Expresión e interacción escritas

6.22. Escribe un correo a la organización Amnistía Internacional expresando tu valoración de la situación escuchada en la actividad 6.21.

....

....

....

....

....

....

....

Expresión e interacción orales

6.23. Cuenta una anécdota empleando los recursos aprendidos en la unidad y reacciona ante la anécdota que te cuente tu compañero/a. Podéis grabaros si es necesario.

Alumno A

1 Tienes un problema con un amigo/a. Cuéntaselo a tu compañero/a.
2 Da consejos a tu compañero/a.

Alumno B

1 Da consejos a tu compañero/a.
2 Tienes un problema con tu hermano. Cuéntaselo a tu compañero/a.